Vorhänge und Rollos

Alison Jenkins

Vorhänge und Rollos

Einfache Ideen zum Selbermachen

Mit Fotos von Tim Imrie

Bechtermünz Verlag

Originaltitel: Window Treatments
Zuerst veröffentlicht 1998 in Großbritannien
von Lorenz Books, London
Lorenz Books ist ein Imprint-Verlag
von Anness Publishing Limited, London

Deutsche Erstausgabe

Übersetzung: Sonja Mayer-Schmidt, Graben
Design: Lilian Lindblom
Fotografie: Tim Imrie
Schritt-für-Schritt-Fotos: Rodney Forte
Illustrationen: Madeleine David, Lucinda Ganderton
Stylist: Fanny Ward
Umschlaggestaltung: Georg Lehmacher, Friedberg (Bay.)
Gesamtherstellung: South China Printing Company, Hong Kong
Printed in China
ISBN 3-8289-2324-0

INHALT

VORWORT

Haben Sie Lust, Ihren Fenstern und damit einem ganzen Raum ein neues Gesicht zu verleihen? In diesem Buch finden Sie zahlreiche Anregungen dafür. Ein Vorhang oder Rollo soll ja nicht nur die Wärme im Zimmer halten oder das Tageslicht dämpfen. Ein Fensterbehang kann auch ein wirkungsvolles Einrichtungselement sein. Ein schlichtes Interieur zum Beispiel bekommt durch das passende Fensterdesign einen optischen Mittelpunkt.

Was läßt sich nicht alles aus einem Fenster machen! Wählen Sie Stoffe, die unterschiedlich stark sind, interessante Strukturen haben, in verschiedenen Farben leuchten oder mit bunten Perlen- oder Knopfreihen verziert sind. Die Vorschläge in diesem Buch zeigen Ihnen viele Möglichkeiten: Ein Vorhang aus ungebleichtem Musselin taucht das Zimmer in ein gedämpftes, weiches Licht, während ein Gehänge bunter Glasperlenketten das Sonnenlicht reflektiert. Mit der richtigen Dekoration läßt sich sogar die Form eines Fensters verbessern: mit einer Blende wirkt ein kleiner Ausschnitt größer, während ein großflächiges Fenster etwas gemütlicher erscheint, wenn feiner Voile den Rahmen umspielt.

Bei jedem Vorschlag wird zunächst erläutert, wie Sie den Stoffbedarf ermitteln und worauf Sie beim Zuschneiden achten müssen. In einem eigenen Kapitel gehen wir ausführlich darauf ein, wie Sie ein Fenster ausmessen und entsprechend Länge und Breite des Vorhanges berechnen. Wenn Sie gemusterten Stoff zuschneiden wollen, finden Sie auch dazu wertvolle Tips. Im Kapitel Die wichtigsten Nähtechniken werden Vorhangfältelungen, Aufhängungsvarianten, Naht- und Saumarten vorgestellt, um Ihnen ein breites Spektrum an Gestaltungsmöglichkeiten zu bieten.

Alle zweiundzwanzig Vorschläge lassen sich schnell und einfach verwirklichen. Sie müssen kein Profi sein, da die schrittweisen Anleitungen jeden Arbeitsgang genau erklären. Ob ein ganzes Zimmer neu gestaltet oder nur ein einzelnes Fenster ins rechte Licht gerückt werden soll – dieser Band ist genau das Richtige für alle, die selbst gern Hand anlegen!

Deborah Barker

EINFACHER VORHANG MIT FUTTER

Wir zeigen in den folgenden Schritten, wie einfach es ist, einen gefütterten Vorhang zu nähen. Der Stoff kann gemustert oder ungemustert sein. Wichtig ist, daß Sie ein festes Gewebe verwenden, dann tun Sie sich beim ersten Versuch leichter. Wie Fenster und Stoff auszumessen sind, lesen Sie ausführlich auf Seite 88.

MATERIAL UND WERKZEUG
- Schere
- Maßband
- Vorhangstoff für das Fenster
- Futterstoff
- Nadeln
- Schneiderkreide (bei Bedarf)
- Heftfaden
- Nähnadel
- Nähmaschine
- Nähseide, farblich passend
- Bügeleisen
- Vorhangband für Bleistiftfalten

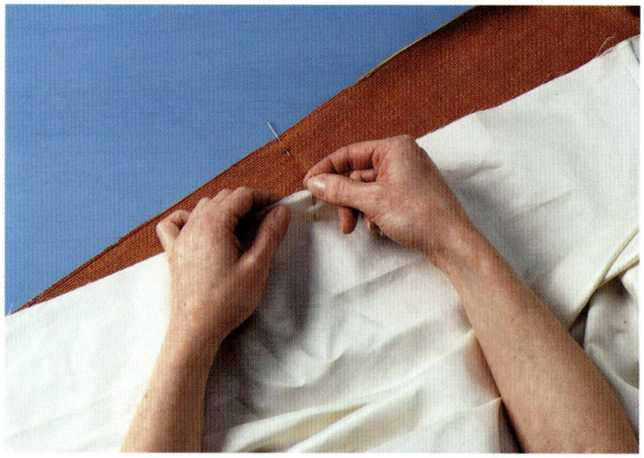

1 Schneiden Sie eine Vorhangbahn mit einer Nahtzugabe von 2 cm am oberen Rand und 10 cm am unteren Ende zu. Der Futterstoff sollte 4 cm schmaler und 7,5 cm kürzer als der Vorhang sein. Markieren Sie die obere Mitte beider Stoffteile mit einer Nadel oder mit Kreide.

2 Falten Sie am unteren Rand des Futters einen doppelten Saum von 2,5 cm Breite; stecken und heften Sie ihn.

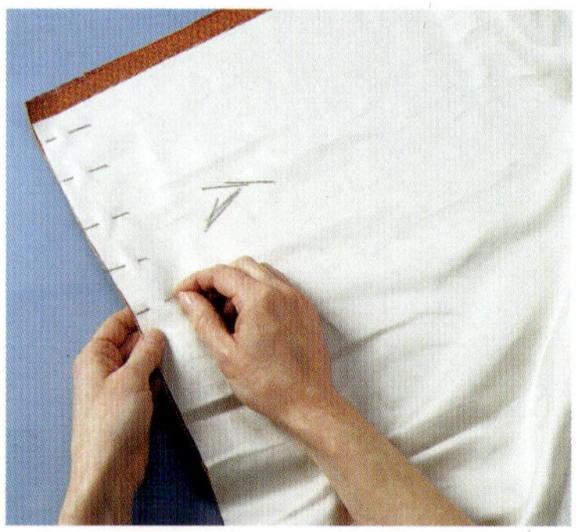

3 Nun werden beide Stoffe rechts auf rechts gelegt, wobei der Vorhangstoff oben 2 cm übersteht. Das Futter wird entlang der Längsseiten auf den Vorhang gesteckt.

4 Diese beiden Längsseiten nähen Sie mit einer Nahtzugabe von 2 cm mit der Maschine. 15 cm vor dem unteren Rand des Vorhangstoffes beenden Sie die Naht.

5 Nun wird der Vorhang auf rechts gewendet. Stoff und Futter stecken Sie nun auch an der oberen Markierung zusammen und bügeln über die Seitenränder.

6 Falten Sie am unteren Ende des Vorhangstoffes einen 10 cm breiten Saum, bügeln Sie kurz darüber. Klappen Sie den Saum wieder auf, schlagen Sie die Ecken diagonal nach oben ein.

7 Die untere Kante wird 5 cm breit eingeschlagen und so der offene Rand versäubert.

8 Schließlich falten Sie den Saum erneut, heften ihn und nähen ihn mit unsichtbaren Stichen an. ▶

9 Den Futterstoff klappen Sie nun auf den Saum und nähen ihn mit Blindstichen fest.

10 Stecken Sie den unversäuberten oberen Rand des Vorhangs auf dem Futter fest.

11 Ziehen Sie die Fäden des Vorhangbandes einige Zentimeter weit heraus und sichern Sie die Enden durch einen Knoten. 2 cm vom Knoten entfernt schneiden Sie das Band ab und stecken es 5 mm unterhalb der Vorhangoberkante auf den Stoff.

12 Schlagen Sie das Band an den Schmalseiten nach innen um und nähen Sie es entlang der markierten Linie auf. Um Falten zu vermeiden, nähen Sie beide Male in derselben Richtung.

APPLIZIERTE GÄNSEBLÜMCHEN

Blau-weiß gewürfelter Baumwollstoff hat etwas Erfrischendes und Charmantes. Als Besatz gibt er diesem naturfarbenen Leinengewebe Stand. Bringen Sie die Blumen in verschiedenen Höhen an, dann sieht es aus, als ob sie wüchsen.

MATERIAL UND WERKZEUG

Maßband
Schere
naturfarbenes Leinen
Bügeleisen
Nähmaschine
Nähseide, farblich passend
Baumwollstoff, gewürfelt
Nähnadel
Stecknadeln
Transparentpapier
Bleistift
Aufbügelvlies
Reste Baumwollstoff, uni und gewürfelt

1 Nehmen Sie für die Vorhangbreite die eineinhalbfache Stangenlänge plus 10 cm Nahtzugabe. Falten Sie an den Seiten einen Saum von 1 cm Breite und am unteren Stoffende einen doppelten Saum von 5 cm Breite. Die drei Kanten bügeln und mit der Maschine nähen.

2 Für eine Schlaufe schneiden Sie einen 6 x 40 cm großen Streifen zu, falten ihn mit der rechten Seite nach innen und nähen den Streifen der Länge nach zusammen. Bügeln Sie die Naht in die Mitte und nähen Sie eine Schmalseite zu. Überstehenden Stoff abschneiden und den Streifen nach außen wenden. Die offene Kante schlagen Sie nach innen ein und schließen sie mit Blindstichen.

3 Bügeln Sie die Oberkante des Vorhangs 1 cm breit um. Dann falten Sie die Stoffstreifen in der Mitte, stecken und nähen die Knickstelle auf die umgebügelte Vorhangkante. Die Schlaufen sollten etwa 20 cm auseinander sein.

4 Für die Blende schneiden Sie einen 14 cm breiten Streifen karierten Baumwollstoff mit 4 cm Nahtzugabe. Die Länge entspricht der Vorhangbreite. Bügeln Sie an allen Seiten einen 2 cm breiten Rand um.

5 Die Blende stecken Sie paßgenau mit der linken Stoffseite auf die Vorhangoberkante und nähen sie rundum fest.

6 Vergrößern Sie die Vorlage für die Gänseblümchen von Seite 94. Dann übertragen Sie beliebig viele Blumen auf das Aufbügelvlies und schneiden sie grob aus. Legen Sie die Blumen mit der Klebeseite des Vlieses nach unten auf den Stoff, fixieren Sie die Blumen mit dem Bügeleisen und schneiden Sie die Motive sorgfältig aus.

7 Jetzt ziehen Sie das Trägerpapier vom Vlies ab und legen die Blumen entlang der Unterkante auf den Vorhang. Bügeln Sie die Applikation fest.

8 Zum Schluß steppen Sie die Blumen knappkantig mit kurzen Stichen auf den Vorhang.

Oben: Wählen Sie einen schlichten, aber kräftig gemusterten Baumwollstoff für die Vorhangblende und fertigen Sie passend dazu hübsche Kissen und Platzdeckchen.

KÜCHENBORD MIT VORHANGBOGEN

Diese moderne Version der klassischen Fensterdekoration mit Querbehang und Seitenschals ist für ein Küchenfenster ideal, zumal das Brett, an dem der Vorhang befestigt ist, gleichzeitig als praktisches Bord dient.

MATERIAL UND WERKZEUG

Regalbrett, 23 cm breit, 2,5 cm dick, 40 cm länger als die Fensterbreite
Schleifpapier
Maßband
2 Metallwinkel, 20 x 25 cm
Bleistift
Bohrmaschine
6 Holzschrauben, 1 cm lang
Schraubenzieher
Stoffband, 2,5 cm breit
Schere
Tacker
Wasserwaage
6 Wanddübel, S 8
6 Schrauben, 4 cm lang, Ø 6 mm
Stoff, 120 cm breit
Lineal oder Geodreieck
Stecknadeln
Nähmaschine
Nähseide, farblich passend
Nähnadel
Bügeleisen

1 Schmirgeln Sie zuerst die Kanten des Regalbrettes mit Schleifpapier ab.

2 Die Metallwinkel legen Sie 10 cm von den Schmalseiten entfernt auf das Brett. Der längere Arm der Stütze kommt an die Wand. Markieren Sie mit dem Bleistift die Löcher für die Schrauben auf dem Holz.

3 Nun bohren Sie 5 mm tiefe Löcher vor und schrauben die Winkel mit den 1-cm-Schrauben am Brett fest.

4 Das Stoffband schneiden Sie in vier 15 cm lange Streifen. Tackern Sie die Streifen als Schlaufen an den vier unteren Ecken des Regalbrettes fest.

5 Mit der Wasserwaage markieren Sie oberhalb des Fensters eine Parallele, auf der das Brett angebracht wird. Es soll auf jeder Seite 20 cm überstehen. Zeichnen Sie die Position der Löcher an der Wand an, bohren Sie 2,5 cm tiefe Löcher und stecken Sie die Dübel hinein. Mit den 4 cm langen Schrauben schrauben Sie das Regal an.

6 Überlegen Sie, wie lang die Seitenschals werden sollen. Der Stoff muß insgesamt viermal so lang sein. Legen Sie den Stoff rechts auf rechts zusammen und schneiden Sie ihn nach der Skizze von Seite 94 zu.

7 Nun nähen Sie den Stoff rechts auf rechts mit einer Nahtzugabe von 2 cm zusammen, wobei ein 15 cm langer Schlitz offen bleibt. An den Ecken schneiden Sie die Nahtzugabe ab.

8 Wenden Sie den Vorhang durch den Schlitz auf rechts.

9 Den Schlitz nähen Sie per Hand mit Blindstichen zu.

10 Die Nähte werden glattgebügelt, so daß das untere Schalende zu einer sauberen Spitze zuläuft.

11 Nun ziehen Sie den Stoff erst von vorn durch die beiden vorderen Schlaufen, arrangieren den Querbehang girlandenförmig und führen die Seitenschals dann durch die hinteren Schlaufen.

JEANS-ROLLO MIT GUCKFENSTERN

Mit Rollos kann man Fenster ohne viel Aufwand schlicht und praktisch dekorieren. Hier wurde ein Rollobausatz zum Selbermachen verwendet, doch auch ein Fertigrollo bekommt Pep, wenn das Tageslicht durch witzige Gucklöcher blitzt.

MATERIAL UND WERKZEUG

- Rollobausatz zum Selbermachen
- Säge
- Schraubenzieher
- Maßband
- Schere
- Jeansstoff
- Nähmaschine
- Nähseide, farblich passend
- Karton
- Schneiderkreide
- Stecknadeln
- Stickvlies (Reste)
- kleine, scharfe Schere
- Bügeleisen
- Holzlatte
- Sprühstärke
- kleine Nägelchen
- Hammer
- Holzgriff oder große Holzperle

1 Die Rollostange sägen Sie passend zur Breite des Fensters zu und befestigen die Halterungen. Den Stoff schneiden Sie so zu, daß er so breit wie die Rollostange und so lang wie das Fenster ist, wobei Sie bei der Länge 30 cm für die Naht zugeben. Versäubern Sie die Stoffkanten mit Zickzackstichen.

2 Aus dem Karton schneiden Sie ein kleines Rechteck als Schablone und zeichnen damit die Ausschnitte mit Schneiderkreide auf.

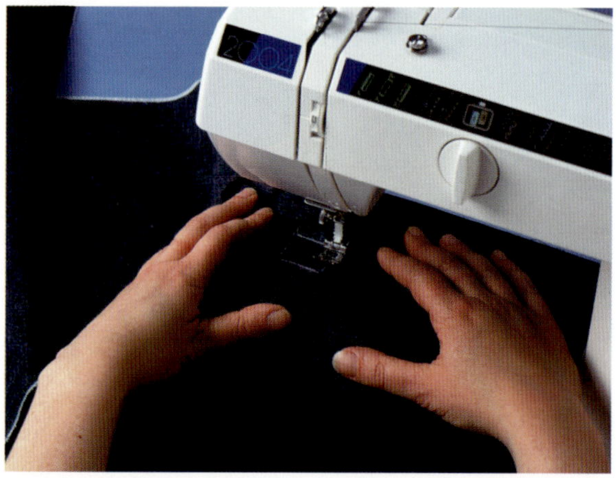

3 Unter jedes Rechteck stecken Sie ein Stück Stickvlies, damit sich der Stoff beim Nähen nicht verzieht, die Form mit kleinen Stichen absteppen.

4 Mit einer kleinen, scharfen Schere schneiden Sie vorsichtig das Rechteck innerhalb der Naht aus.

5 Die Ränder fassen Sie mit engen Zickzackstichen ein und reißen das überstehende Stickvlies ab.

6 Falten Sie die Unterkante zur linken Stoffseite zu einem 4 cm breiten doppelten Saum, den Sie bügeln und absteppen. Die Latte sägen Sie 4 cm kürzer als die Breite des Stoffes zu und schieben sie durch den Tunnel.

7 Nähen Sie den Tunnel an beiden Enden zu.

8 An einem luftigen Ort wird der Stoff aufgehängt und mit Sprühstärke besprüht. Beachten Sie dabei die Gebrauchsanweisung. Lassen Sie das Rollo trocknen.

9 Legen Sie die Rollostange etwa 4 cm unterhalb der Oberkante auf den Stoff. Diese Kante drücken Sie auf den Klebestreifen.

10 Nageln Sie den Stoff an den Enden des Rollos sowie in Abständen von 2 cm mit Nägelchen fest und rollen den Stoff auf.

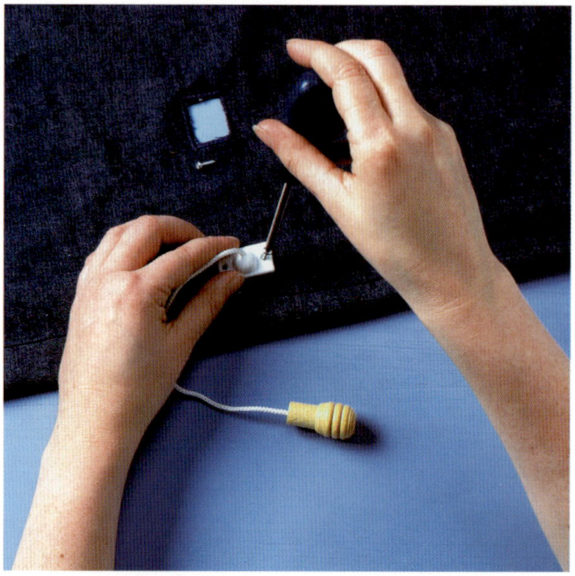

11 Die Holzperle oder der Holzgriff wird auf die Kordel gezogen und mit der Halterung in die Mitte der Holzlatte geschraubt.

WER'S SÜSS MAG!

Dieser Küchenvorhang ist mit Bildern üppiger Desserts aus Urgroßmutters Zeiten dekoriert. Mit einer speziellen Emulsion kann man kopierte Papiermotive auf Stoff übertragen. Bücher mit alten Stichen sind dafür eine wahre Fundgrube!

MATERIAL UND WERKZEUG

- Maßband
- Schere
- weißer Baumwollstoff
- Kopierer
- Schwarzweiß-Abbildungen
- Übertragungsemulsion
- Pinsel
- Schwamm
- Bügeleisen
- Stecknadeln
- Nähmaschine
- Nähseide, farblich passend
- Baumwollband, 2,5 cm breit

1 Messen Sie das Fenster aus und legen Sie die Vorhanglänge fest. Schneiden Sie den Stoff mit 2 cm Nahtzugabe an allen vier Seiten zu. Dann kopieren Sie die Bilder und schneiden die Motive sauber aus.

2 Die Gebrauchsanweisung für die Übertragungsemulsion lesen Sie durch und bestreichen dann die Bildseite der Motive.

3 Mit der bestrichenen Seite nach unten werden die Abbildungen auf den Stoff gelegt und die Luftblasen herausgestrichen. Mindestens vier Stunden trocknen lassen.

4 Danach feuchten Sie die Rückseite der Papierstücke mit einem nassen Schwamm an.

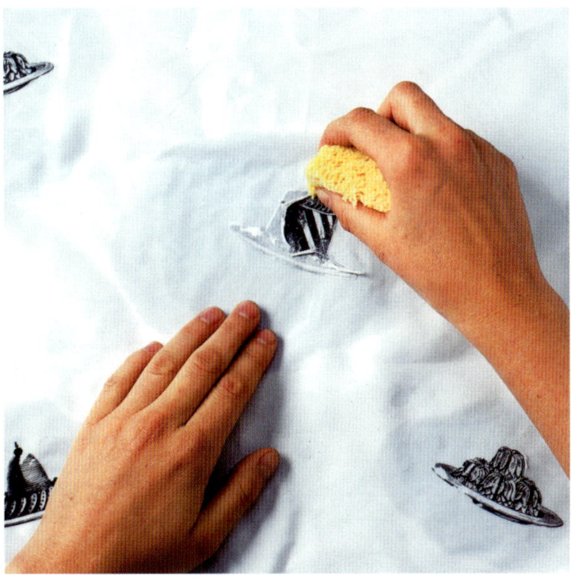

5 Durch vorsichtiges Tupfen mit dem feuchten Schwamm und mit den Fingerspitzen rubbeln Sie das Papier ab.

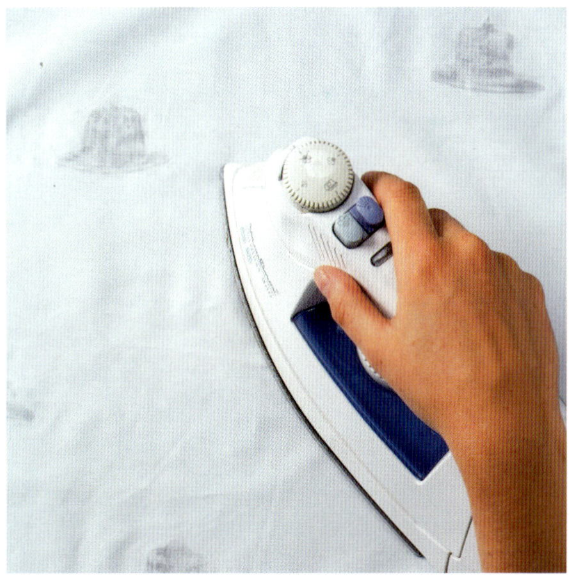

6 Warten Sie, bis der Stoff trocken ist, und bügeln Sie ihn von links, um die Bilder zu fixieren.

▶

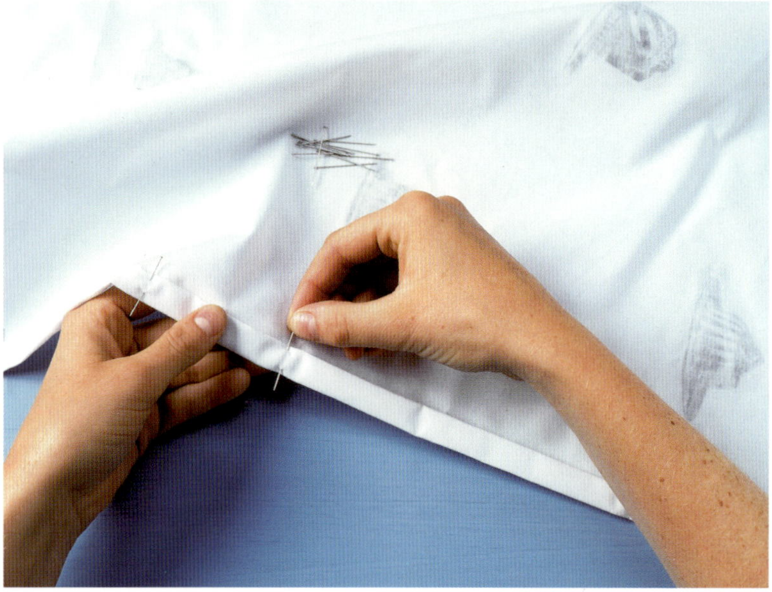

7 An allen vier Kanten des Vorhangs stecken und nähen Sie einen doppelten Saum.

8 Aus dem Baumwollband schneiden Sie 75 cm lange Bänder und legen sie in der Mitte zusammen. An der Knickstelle werden sie auf den oberen Vorhangrand gesteckt und genäht. Sie sollten gleichmäßig etwa 20 cm voneinander entfernt sein. Binden Sie den Vorhang mit Schleifen an die Vorhangstange.

EIN SCHLEIER AUS MUSSELIN

Ein besonders schönes Fenster wird durch ein schwungvoll drapiertes Arrangement noch betont. So ein Vorhangzauber kann auch mal aus zartem, duftigem Musselin sein, der fast die Eleganz klassischer bodenlanger Schals hat.

MATERIAL UND WERKZEUG

Maßband
Schere
Musselin
Stecknadeln
Bügeleisen
Nähmaschine
Nähseide, farblich passend
Papier
Bleistift
Lineal
Bommelborte

1 Der Stoff muß so lang sein wie der Abstand zwischen Vorhangstange und Fußboden plus 30 cm. Bei der Breite kommt es darauf an, wie üppig der Stoff fallen soll. Schneiden Sie entsprechend zwei Vorhangteile zu. Falten, bügeln und nähen Sie um alle Seiten einen Doppelsaum.

2 Für den Querbehang benötigen Sie eine Trapezschablone aus Papier. Die Breite des oberen Randes entspricht dem Abstand, der bei der fertigen Dekoration zwischen den Vorhangteilen bleibt, plus 40 cm. Die Grundlinie des Trapezes sollte so lang sein wie die beiden Vorhangbreiten plus 50 cm. Die Trapezseiten sind so lang wie eine Vorhangbreite plus 30 cm.

3 Der Stoff für dieses Mittelteil wird entsprechend zugeschnitten und gebügelt. Dann näht man mit der Maschine am oberen und unteren Rand einen 1 cm breiten Doppelsaum. Dann reihen Sie die Seiten des Trapezes ein.

4 An die eingereihten Trapezseiten stecken Sie links und rechts die Schmalseiten der Vorhänge, und zwar die linke Stoffseite des Vorhangs auf die rechte des Trapezes. Verteilen Sie die Raffung gleichmäßig und nähen Sie darüber.

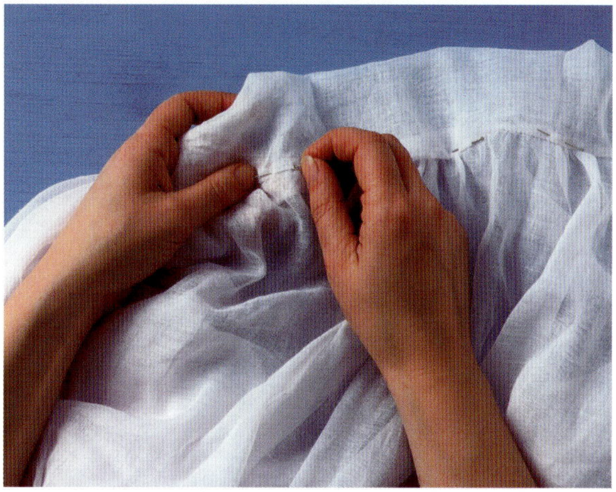

5 Schneiden Sie zwei Musselinstreifen zu, die so breit sind wie der Umfang der Vorhangstange plus 2 cm Nahtzugabe. Falten Sie den Streifen der Länge nach zusammen, bügeln Sie darüber und nähen Sie ihn rechts auf rechts auf die Naht von Vorhang und Mittelteil. Dann klappen Sie den Streifen auf die Rückseite und nähen schmalkantig einen Tunnel. Dabei fassen Sie die Nahtzugabe mit ein.

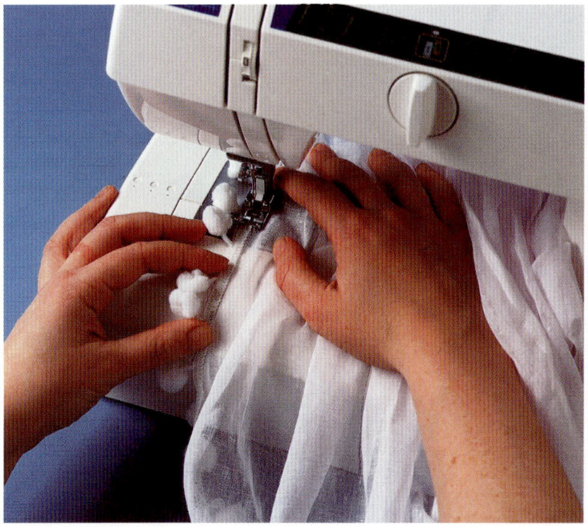

6 Von der Bommelborte benötigen Sie zwei Stücke in der Länge der Vorhänge plus 4 cm. Stecken Sie die Borte auf die inneren Kanten der Vorhänge und schlagen Sie dabei die offenen Stoffränder mit ein. Mit der Maschine nähen. Für die Grundlinie des Querbehangs schneiden Sie ebenfalls ein Stück Bommelborte mit 4 cm Nahzugabe zu und nähen sie auf.

7 Die Vorhangstange führen Sie durch den Tunnel und schlagen den Querbehang locker auf die vordere Seite.

BISTROGARDINE MIT BÄNDERN

Um auch ein kleines Fenster ins rechte Licht zu rücken, können Sie zur Abwechslung Bänder statt Stoff verwenden. Winzige Glasperlen an den Nähten schaffen lebhafte Reflexe, während große Kugeln den unteren Saum der Satinstreifen betonen und straffen.

MATERIAL UND WERKZEUG

Schere
Chiffon- und Satinbänder, 2,5 cm breit, Ton in Ton
Zucker
kleine Schüssel
Nähmaschine
Nähseide, farblich passend
Heftfaden
Nähnadel
Rocailleperlen aus Glas
Plastikperlen, groß, facettiert
Vitragestange entsprechend der Fensterbreite

1 Die Bänder schneiden Sie auf die gewünschte Länge plus 4 cm zu. An einem Ende des Bandes schneiden Sie einen dekorativen Schwalbenschwanz.

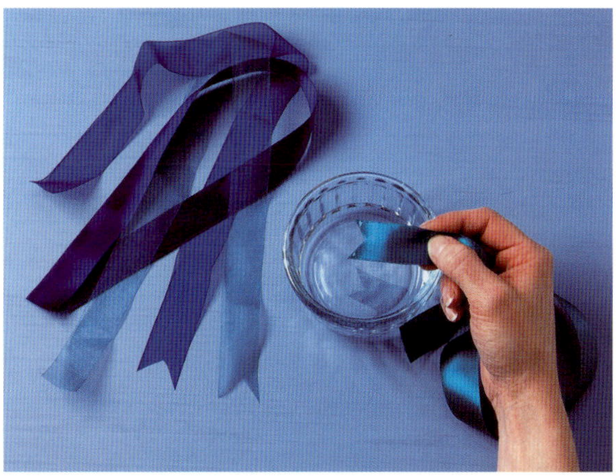

2 Damit die Enden der Bänder nicht ausfransen, tauchen Sie sie in ein Schüsselchen mit Zuckerwasser. Lassen Sie die Lösung trocknen.

3 Legen Sie so viele Bänder nebeneinander, bis die Breite des Fensters erreicht ist. Mit der Maschine nähen Sie abwechselnd ein Satin- und ein Chiffonband mit Zickzackstich bis 7,5 cm vor dem unteren Rand zusammen.

4 Die Oberkante des Vorhangs legen Sie erst 5 mm und dann 2,5 cm zu einem Tunnel um und heften ihn. Die Längsnähte besticken Sie mit Glasperlchen. Beginnen Sie damit unterhalb des Tunnels.

5 Die großen Plastikperlen ziehen Sie auf die unteren Enden der Satinbänder auf. Nun nähen Sie den Tunnel mit der Maschine, führen die Vitragestange durch und hängen den Vorhang auf.

KATTUNROLLO MIT STEMPELDEKOR

Stempel gibt es mit vielen herrlichen Mustern zu kaufen. Suchen Sie sich die schönsten aus und wählen Sie dazu passende Stoffarben. Praktisches Detail: Die Zugkordel läuft bei diesem Modell durch dekorative Messingösen.

MATERIAL UND WERKZEUG
- Maßband
- Schere
- Kattun, mittlere Stärke
- Stecknadeln
- Stoffarbe
- Teller
- Schwämmchen zum Farbauftrag
- Stempel
- Bügeleisen
- Nähmaschine
- Nähseide, farblich passend
- Nähnadel
- Bleistift
- Messingösen, 1,5 cm Ø
- Nylonkordel
- 2 Kordelstopper
- Holzstange, 9 mm Ø
- 2 Ringhaken

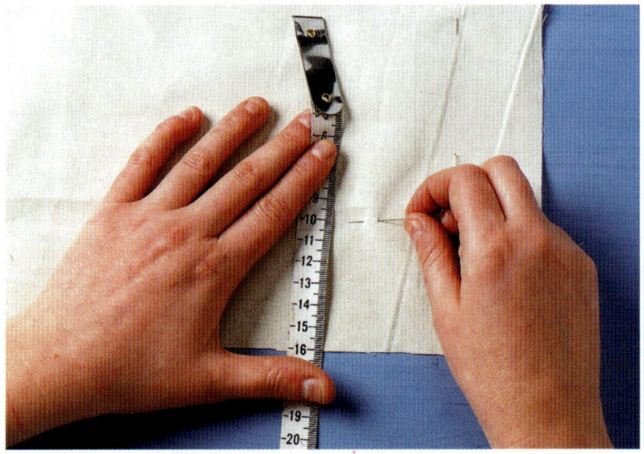

1 Zunächst messen Sie das Fenster aus. Schneiden Sie zwei Kattunbahnen in den Fenstermaßen mit Nahtzugaben von 4 cm in der Breite und 7 cm in der Länge zu. Auf einer Bahn markieren Sie mit Stecknadeln die Fläche für den Stempeldruck. Lassen Sie an den Längsseiten Ränder von je 5 cm Breite frei, um Platz für die Ösen zu schaffen. Der obere Rand sollte 3 cm, der unteren 6 cm breit sein.

2 Drücken Sie etwas Stoffarbe auf einen Teller. Nehmen Sie mit einem Applikatorschwämmchen wenig Farbe auf und färben den ersten Stempel damit ein.

3 Drücken Sie den Stempel ganz gleichmäßig auf den Stoff und färben Sie ihn jedesmal neu ein, damit die Farben richtig leuchten.

4 Nach dem Drucken lassen Sie die Farbe trocknen und bügeln den Stoff dann von links, um sie zu fixieren.

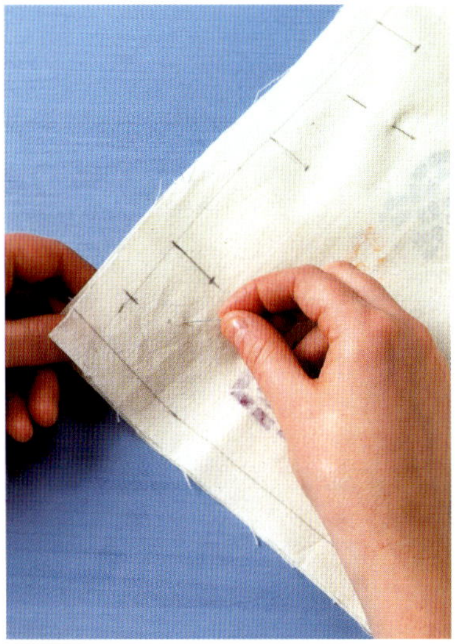

5 Rechts auf rechts gelegt, werden das bedruckte und das naturfarbene Kattunteil rundum zusammengesteckt.

6 Nähen Sie beide Teile zusammen und halten Sie oben und an den Seiten 2 cm, unten 5 cm Nahtzugabe ein. Lassen Sie jedoch an einer Seite einen 15 cm langen Schlitz und im oberen Teil der Seitennähte links und rechts Schlitze von jeweils 2 cm.

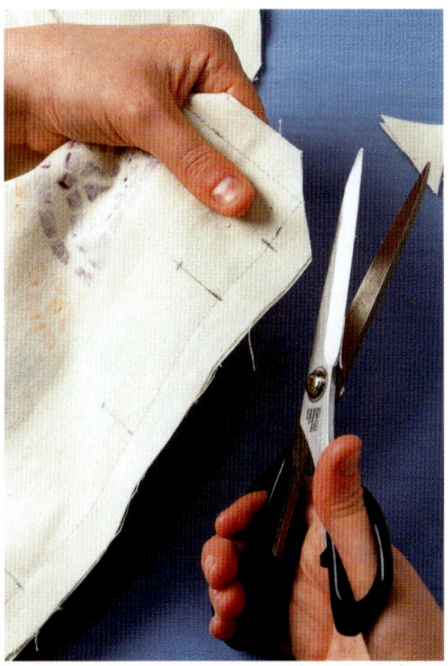

7 An den Ecken schneiden Sie die Nahtzugabe ab.

8 Durch den langen Schlitz wenden Sie den Vorhang auf die rechte Seite.

9 Bügeln Sie alle Kanten des Rollos.

10 Nähen Sie den langen Schlitz in der Seitennaht von Hand mit Blindstichen zu.

11 Etwa alle 7,5 cm markieren Sie die Punkte für die Ösen auf dem Rollo. Dann stanzen Sie die Ösen in den Stoff.

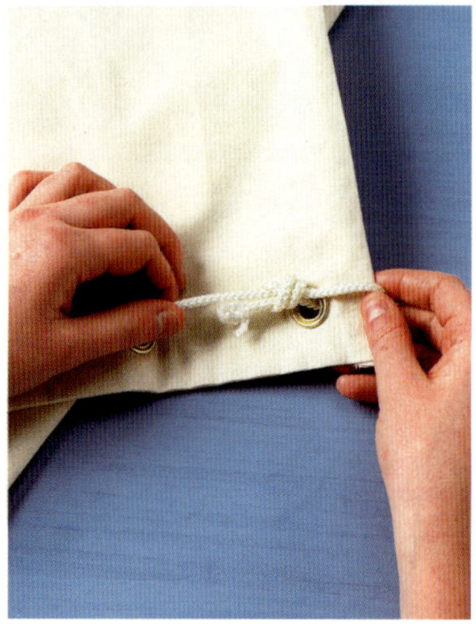

12 Führen Sie eine Nylonkordel durch die Ösen und verknoten Sie sie am oberen Rand.

13 Das untere Ende der Kordel fädeln Sie durch den Kordelstopper.

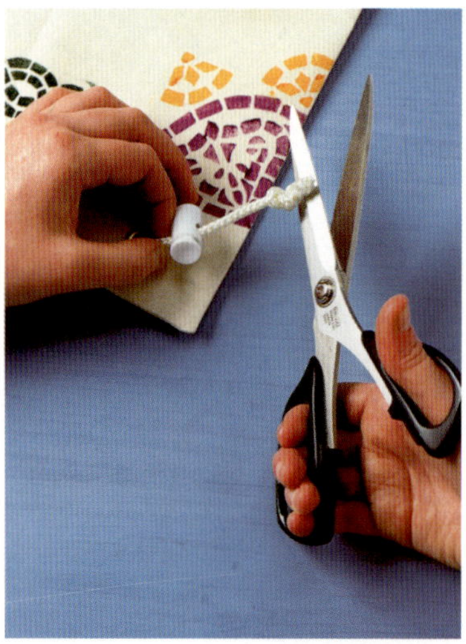

14 Verknoten Sie das Ende und schneiden Sie den Rest ab.

15 Die Holzstange wird 4 cm länger abgesägt, als das Rollo breit ist, und durch die Schlitze an der Oberkante des Rollos geführt. In die Ecken des Fensterrahmens drehen Sie die Ringhaken, an denen das Rollo aufgehängt wird.

OBSTDRUCK AUF VORHANG UND ROLLO

Besonders bei einem Fenster mit tiefer Leibung ist ein Ensemble aus Vorhang plus Rollo eine pfiffige Idee. Gedruckt wird mit echten Früchten, und durch den ungebleichten Musselin strömt weich das Tageslicht.

MATERIAL UND WERKZEUG

Schere
Musselin, ungebleicht
Maßband
Kattun, ungebleicht
Bügeleisen
Stecknadeln
Nähmaschine
Nähseide, farblich passend
Heftfaden
Nähnadel
Schneiderkreide
Kräuselband, transparent
Küchenmesser
Apfel
Birne
Stoffarbe, rot, grün, schwarz
Pinsel
Karton
kleine Plastikösen
Holzstangen, 9 mm Ø, Länge entsprechend der Rollobreite
Nylonkordel
Tacker
Holzleiste, Länge entsprechend der Rollobreite
2 Messingösen
Vorhangband für Bleistiftfalten

1 Für das Rollo schneidet man den Musselin auf die Größe des Fensters zu und gibt an den Längsseiten und unten 2 cm, oben 5 cm für die Naht zu. Schneiden Sie zudem für die Längsseiten und das untere Ende 13 cm breite Kattunstreifen. Um rechtwinklige Innenkanten zu erhalten, schneiden Sie die Streifen an den Schnittstellen im 45°-Winkel ab.

2 Auf der rechten Stoffseite der Kattunstreifen falten und bügeln Sie einen 2 cm breiten Saum.

3 Die Schrägseiten werden zusammengesteckt und mit der Maschine genäht. Bügeln Sie die Nähte auseinander.

4 Die rechte Stoffseite des Kattunrahmens stecken und nähen Sie auf die linke Seite des Musselins (Nahtzugabe 2 cm). Schneiden Sie die Nahtzugabe an den Ecken ab.

5 Nun wenden Sie den Randstreifen auf rechts und bügeln ihn. Dann stecken und heften Sie ihn und steppen ihn knappkantig auf den Musselin.

6 Teilen Sie das Rollo auf der linken Seite waagerecht in gleichmäßige Streifen von knapp 30 cm Breite ein. Der unterste Streifen sollte ungefähr 20 cm breit sein. Das transparente Kräuselband für die Holzstäbe stecken und nähen Sie als Tunnel auf die Markierungslinien.

7 Apfel und Birne werden halbiert. Den Apfel bestreichen Sie mit roter, die Birne mit grüner Farbe und drücken Sie fest auf den Randstreifen. Nach jedem Druck bestreichen Sie die Früchte erneut mit Farbe.

8 Für die Fruchtstiele knicken Sie ein Stück Karton, stippen es in die schwarze Farbe und drucken damit für jede Frucht einen Stengel. Farbe trocknen lassen.

9 Drehen Sie den Rollo wieder auf die linke Seite und nähen Sie von Hand kleine Plastikringe an die Enden des Kräuselbandes. Schieben Sie die Holzstäbe durch die Tunnel.

10 Nun knüpfen Sie die Zugschnur an die Ringe der untersten Stange und führen sie durch die übrigen Ringe. Die Oberkante des Rollos tackern Sie auf die Holzleiste. Am oberen Ende jeder der beiden Ringreihen schrauben Sie links und rechts in die Leiste eine Öse und ziehen die Schnur durch. Ein Strang muß durch beide Ösen laufen.

11 Für die Vorhänge schneiden Sie den Kattun auf die erforderliche Länge zurecht und geben 12,5 cm für die Naht zu. Entlang der Seiten falten und nähen Sie einen Doppelsaum von 2,5 cm Breite und am unteren Rand einen 5 cm breiten Doppelsaum. Das obere Vorhangende wird 2,5 cm weit umgeschlagen. Das Vorhangband schneiden Sie 4 cm länger zu, als der Vorhang breit ist.

12 Die Schnüre des Vorhangbandes ziehen Sie etwas heraus und verknoten sie an jeder Seite. Stecken Sie dieses Band etwa 5 mm von der Oberkante des Vorhangs entfernt auf und schlagen Sie die offenen Ränder links und rechts ein. Dann nähen Sie das Band entlang der oberen und unteren Hilfslinien fest. Nun bedrucken Sie die Vorhänge nach Belieben mit dem Apfel und der Birne.

SCHLEIFCHENBLUMEN

Ein zarter, glatter Vorhangstoff muß nicht immer weiß sein. Wie wäre es mit einem leuchtenden Ton, auf dem bunte Bänder ein Feuerwerk an Farben entzünden? Für den Tunnel wählen Sie passend dazu ein breites Band.

MATERIAL UND WERKZEUG

- Maßband
- Schere
- Stoff, transparent
- Schneiderkreide
- Stickrahmen
- Heftfaden
- Nähnadel
- Satinbänder, bunt, 9 mm breit
- Nähmaschine
- Nähseide, farblich passend
- Bügeleisen
- Set Knöpfe zum Überziehen mit Stoff
- Stoffreste, bunt
- Satinband, 4 cm breit
- Stecknadeln

1 Messen Sie das Fenster aus und bestimmen Sie die Länge der Vorhänge. Schneiden Sie den Stoff mit 4 cm Nahtzugabe zu. Der Vorhang sollte etwa eineinhalb mal so breit wie das Fenster sein. Um die Position der Blumen mit Schneiderkreide festzulegen, breiten Sie den Stoff am besten auf einer glatten Fläche aus. Spannen Sie den Stickreif auf die Markierung.

2 Ein 9 mm breites, ausreichend langes Band heften Sie in Blütenform innerhalb des Reifs auf den Stoff.

3 Nähen Sie die Blüte mit der Maschine fest. Ein Band in einer anderen Farbe wird eingereiht und als Zentrum auf die Blüte genäht. Für die restlichen Blüten verwenden Sie jeweils andere Farben.

4 Rund um den Vorhang falten, bügeln und nähen Sie einen 1 cm breiten Doppelsaum.

5 Beziehen Sie mit Hilfe des Werkzeugs aus dem Knopfset die Knöpfe mit Stoffresten.

6 Das 4 cm breite Band schneiden Sie passend zur Vorhangbreite ab und nähen die Knöpfchen von Hand in gleichmäßigen Abständen darauf.

7 Die Enden des Bandes einschlagen, so daß das Band mit dem Vorhang bündig ist. Mit 1 cm Abstand nähen Sie das Band entlang der Längsseiten mit der Nähmaschine auf die Oberkante des Vorhangs. Ziehen Sie durch diesen Tunnel das Drahtseil, an dem der Vorhang aufgehängt wird.

FENSTERSCHMUCK AUS VOILE

Solch glatte Vorhänge in herrlich kräftigen Farben aus einem Stoff ohne Struktur haben etwas Folkloristisches. Wählen Sie zum Füttern der Vorhänge einen Voile, der die Farben der vorderen Stoffbahn hervorhebt und so dem Fensterschmuck Leuchtkraft verleiht. Vorhang und Futter können Sie an den Seiten zusammennähen oder, wie hier, frei flattern lassen.

MATERIAL UND WERKZEUG

Maßband
Schere
Voile in drei Farben
Schneiderkreide
Stecknadeln
Nähmaschine
Nähseide, farblich passend
Bügeleisen
Voile zum Füttern der Vorhangbahnen
Band oder Borte, 2,5 cm breit
Satinband, 9 mm breit

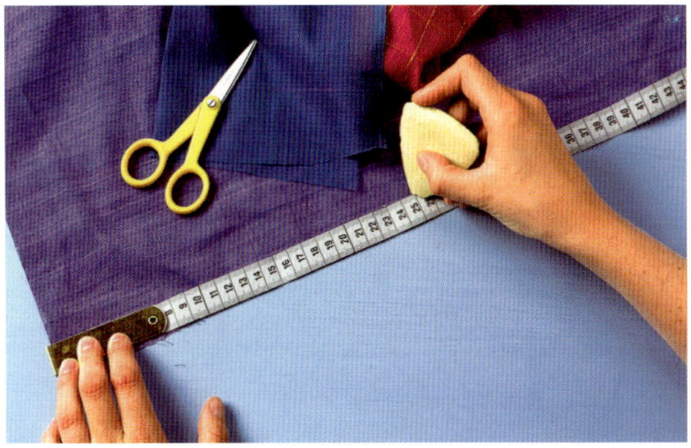

1 Das Fenster muß zunächst ausgemessen werden, um die Länge des Vorhanges zu bestimmen. Schneiden Sie die Voilebahnen so, daß sie zusammen mindestens eineinhalb mal die Fensterbreite ergeben. Bei jedem der Schals sind die beiden äußeren Bahnen gleich breit, die mittlere ist etwas breiter. In der Länge geben Sie 3 cm für die Naht zu.

2 Die mittlere Bahn wird auf eine Außenbahn rechts auf rechts gelegt, gesteckt und mit der Maschine plus 1 cm Nahtzugabe an einer Längsseite zusammengenäht. Nähen Sie die zweite äußere Bahn an die andere Längsseite des Mittelteils. Dann bügeln Sie die Nähte auseinander. Der Futterstoff wird auf die Größe der Vorhänge zugeschnitten.

3 2,5 cm breite Bänder oder Borten schneiden Sie auf die Länge des Vorhanges ab, stecken sie auf die Längsnähte und nähen sie an beiden Kanten fest.

4 An den Außen- und Unterkanten der Vorderteile und des Futters falten, bügeln und nähen Sie einen 1 cm breiten Doppelsaum.

5 Schneiden Sie von dem 9 mm breiten Satinband gleich lange Stücke für die Schlaufen ab. Die Bänder falten Sie zur Hälfte zusammen und stecken sie mit dem Knick nach oben in Abständen von etwa 20 cm auf den Vorhang.

6 Der Futterstoff wird rechts auf die rechte Stoffseite des Vorhanges gelegt, entlang der oberen Kante gesteckt und mit der Maschine aufgenäht. Dabei nähen Sie die Schlaufen mit ein. Nun wird der Futterstoff auf die Rückseite geschlagen und die Naht glattgebügelt.

GEFALTETES PAPIERROLLO

Gutes, handgemachtes Japanpapier ergibt ein recht stabiles Rollo. Dazu klebt man einfach zwei Bögen zusammen, verstärkt die Ränder und knickt das Papier in breite Falten. Durch eine elegante, seidige Quaste wirkt dieser Schmuck fürs Fenster fast orientalisch.

MATERIAL UND WERKZEUG

- Tapetenkleister
- Pinsel zum Einstreichen
- Japanpapier
- Maßband
- Schere
- doppelseitiges Klebeband
- Lineal
- Bleistift
- Ösenset mit Ösenzange
- dünne Kordel
- 2 kleine Quasten, passend zur Kordel
- Tacker
- Holzlatte, so lang wie die Nischenbreite
- 2 Ringhaken

1 Mit Tapetenkleister kleben Sie die beiden Papierbögen zusammen und lassen sie trocknen. Messen Sie die Fensternische aus und fügen Sie zu dem Maß in der Breite 5 cm und in der Länge 15 cm hinzu. Entsprechend schneiden Sie das Papier zu. Bekleben Sie die Seitenkanten und die Unterkante mit doppelseitigem Klebeband.

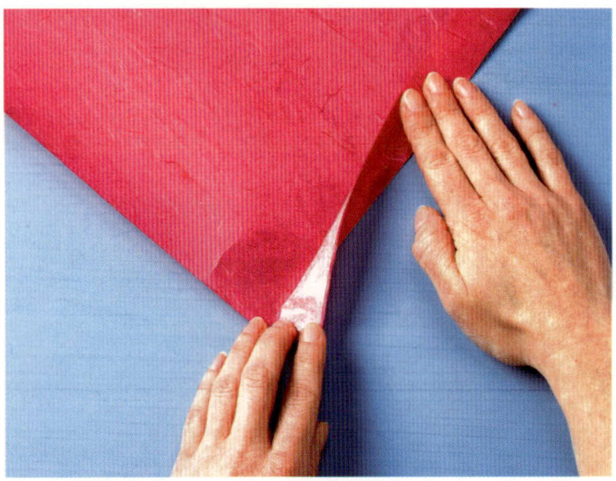

2 Das Papier des Klebebandes ziehen Sie ab und kleben die Seitenkanten 2,5 cm breit nach innen, um den Rand zu verstärken.

3 Anschließend verstärken Sie die Unterkante ebenfalls durch einen solchen 2,5 cm breiten Rand.

4 Auf die Rückseite des Rollos zeichnen Sie mit Bleistift und Lineal parallele Querlinien im Abstand von 5 cm.

5 Knicken Sie das Papier entlang dieser Linien ziehharmonikaartig.

6 Markieren Sie die Mitte der beiden Randstreifen und jeweils die Mitte zwischen zwei Falten: An diesen Stellen stanzen Sie mit der Ösenzange die Löcher für die Ösen.

7 Setzen Sie mit der Zange die Ösen in die Löcher.

8 Knüpfen Sie die Quaste an ein langes Stück Kordel, ziehen Sie die Kordel durch die Ösen und verfahren Sie auf der anderen Rolloseite genauso.

9 Tackern Sie die Oberkante des Rollos auf die Holzlatte. Die Ringhaken werden auf der Rückseite der Latte genau über dem Kordelzug festgeschraubt. Die Kordel ziehen Sie durch die Ringe, wobei durch einen der Ringe beide Kordelstränge geführt werden.

ALESSI

DSCHUNGEL-IMPRESSIONEN

Für den Positiv- und Negativdruck dieses Schablonenmusters benötigen Sie nur eine Schablone. Damit schaffen Sie ein eigenwilliges, nahezu abstraktes Design. Wenn das Licht durch den ungefütterten Baumwollstoff fällt, meint man in einem Wintergarten zu sitzen.

MATERIAL UND WERKZEUG

Schere
leichter Baumwollstoff
Maßband
Bügeleisen
Stecknadeln
Nähmaschine
Nähseide, farblich passend
Nähnadel
Knöpfe
Transparentpapier
Bleistift
Lineal
feste, transparente Folie
Kreppklebeband
Schneidematte
Cutter
Schneiderkreide
Sprühkleber
Schablonierpinsel, groß
Stoffarbe

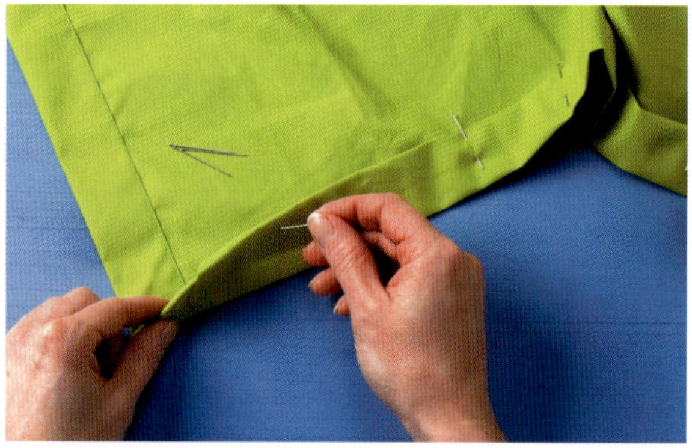

1 Der Stoff wird auf die gewünschte Vorhanggröße zugeschnitten. Geben Sie dabei unten und an den Seiten 5 cm, oben 2 cm für die Naht zu. Ein 2,5 cm breiter Doppelsaum wird entlang der Längsseiten und der Unterkante gefaltet, gesteckt und mit der Nähmaschine genäht.

2 Bestimmen Sie, wie viele Schlaufen bei 20 cm Abstand nötig sind. Schneiden Sie gemäß den Maßangaben auf Seite 94 entsprechend viele Stoffrechtecke zu. Jedes Rechteck wird links auf links der Länge nach gefaltet und mit 1 cm Nahtzugabe zusammengenäht. Legen Sie die Nahtzugaben auseinander und nähen Sie eine Schmalseite der Schlaufe so zu, daß die Längsnaht in der Mitte bleibt.

3 Dann wenden Sie die Schlaufe auf rechts und bügeln sie. Stecken Sie in 20-cm-Abständen jeweils die offenen Enden der Streifen auf die rechte Seite der Vorhang-Oberkante. Für die Blende schneiden Sie einen 7,5 cm breiten Streifen zu, dessen Länge der Vorhangbreite plus 4 cm Nahtzugabe entspricht. Die Blende legen Sie rechts auf die rechte Vorhangseite, stecken und nähen sie.

4 Schlagen Sie die Blende nach hinten um. Dann falten Sie die Nahtzugaben an beiden Seiten und an der Unterkante nach innen und stecken sie.

5 Knappkantig nähen Sie die Blende auf.

6 Schlagen Sie die Enden der Schlaufen auf die Vorderseite des Vorhangs und befestigen Sie jedes mit einem Knopf, den Sie von Hand aufnähen.

7 Vergrößern Sie die Schablone von Seite 94 mit dem Kopierer. Entsprechend groß schneiden Sie ein Stück steife, transparente Folie zu, kleben die Ecken mit Kreppklebeband auf die Vorlage und schneiden das Blatt mit dem Cutter auf der Schneidematte aus. Den ausgeschnittenen Teil der Schablone legen Sie für den Negativdruck beiseite.

8 Teilen Sie den Vorhang mit Schneiderkreide in Quadrate von der Größe der Schablone ein. Mit Sprühkleber fixieren Sie die Schablone auf dem ersten Quadrat. Tragen Sie mit dem Schablonierpinsel möglichst wenig Farbe auf, um einen Sprenkel-Effekt zu erzielen. Lassen Sie die Schablone auf dem Stoff liegen.

9 Für den Negativdruck kleben Sie die Ränder der Nachbarquadrate mit Kreppklebeband ab.

10 Das Motiv fixieren Sie mit Sprühkleber in der Mitte und tragen rundum sparsam Farbe auf. Die Schablone nehmen Sie ab und gestalten die übrigen markierten Quadrate genauso. Fixieren Sie die Farbe nach dem Trocknen gemäß den Herstellerangaben durch Einbügeln.

HERBSTLAUB

Bei diesem transparenten Fensterbehang mit Blättern scheint buntes Laub durch Herbstluft zu schweben. Unsere Blätter sind aus Papier, doch kann man auch echte nehmen, pressen und in die Taschen stecken.

Material und Werkzeug
- Schere
- Organza
- Maßband
- Bügeleisen
- Stecknadeln
- Nähseide, farblich passend
- Nähmaschine
- Transparentpapier
- Bleistift
- farbiges Papier in verschiedenen Tönen
- kleine Schere
- Holzlatte, so lang wie die Fensterbreite
- Tacker

1 Schneiden Sie eine Bahn Organza passend zur Größe des Fensters und geben Sie an allen Seiten 5 cm für den Saum zu. An den Längsseiten und an der unteren Kante wird der Stoff zu einem 2,5 cm breiten Doppelsaum eingeschlagen und gebügelt.

2 Mit farblich passendem Nähfaden nähen Sie die Säume im engen Zickzackstich.

3 Überlegen Sie, wie viele Blätter auf den Stoff passen. Dann pausen Sie die Blattschablonen von Seite 94 ab und übertragen sie vergrößert auf farbiges Papier.

4 Die Motive schneiden Sie mit der kleinen Schere aus.

5 Passend zur Größe der Blätter schneiden Sie aus dem Organza die Taschen mit zusätzlich 2,5 cm für den oberen Saum. Dieser Rand wird umgeknickt, gebügelt und mit engen Zickzackstichen genäht. Den restlichen Stoff schneiden Sie ab.

6 Die Taschen stecken Sie auf den Organzabehang und legen die Blätter ein. Wechseln Sie dabei Farben und Formen ab. Nähen Sie die Taschen mit engem Zickzackstich fest.

7 Legen Sie die Holzlatte auf die Oberkante des Vorhangs und ziehen Sie den Stoff straff um die Latte. Tackern Sie ihn auf der Rückseite der Latte fest.

BROKAT-ZAUBER

Verschiedene Brokatborten miteinander kombiniert, haben durch ihre Strukturen und die gediegenen Farben eine zurückhaltende, aber edle Wirkung. Hier sehen Sie, wie ein Fensterbehang mit Goldkugeln und Seidenkordeln diesen Hauch Noblesse bekommt.

MATERIAL UND WERKZEUG

- Maßband
- Latten, 4 cm breit
- Säge
- Schleifpapier
- Brokatborten, 4 cm breit, verschiedenfarbig gemustert
- Schere
- Holzleim
- Seidenkordel
- Klebeband
- Metallperlen, goldfarben, mit großem Loch
- Holzstange, 9 mm Ø, Länge entsprechend der Fensterbreite
- Nähseide, farblich passend

1 Teilen Sie die Höhe des Fensters durch 6, um die Anzahl der Holzlatten zu ermitteln. Die Latten werden dann auf die Breite des Fensters abzüglich 3 cm zugesägt und die Kanten mit Schleifpapier glattgeschmirgelt.

2 Die Brokatborten schneiden Sie etwa 3 cm länger zu und kleben sie auf beide Seiten der Latten.

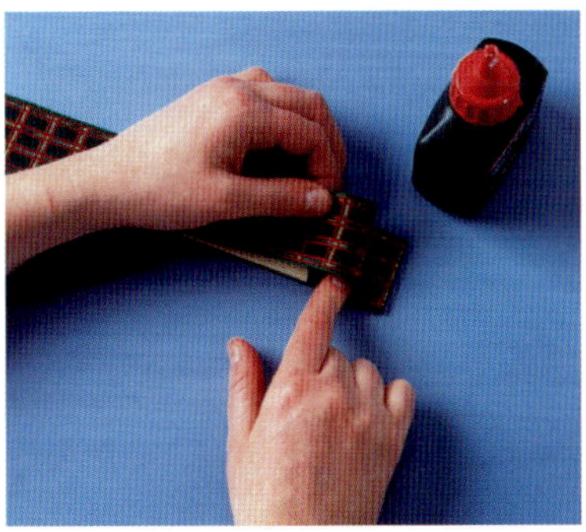

3 Dann schlagen Sie die Enden der Borten ein und kleben sie sauber fest.

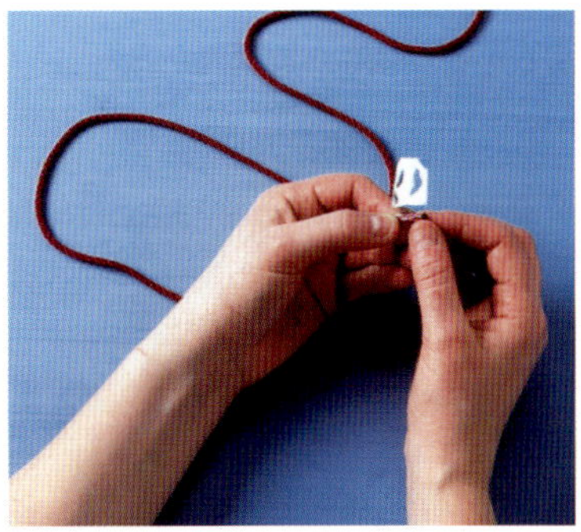

4 Sie brauchen 2 Kordelstücke, die zweimal so lang wie das Fenster plus 30 cm sind. Umwickeln Sie die Kordelenden mit Klebeband, um das Ausfransen zu verhindern.

5 Nehmen Sie jedes Kordelstück doppelt und fädeln Sie zwei Metallperlen daran auf. Schieben Sie die Perlen so weit nach oben, daß eine kleine Schlaufe entsteht.

6 Nun führen Sie die Holzstange durch die Schlaufe und ziehen die Schlaufe zu. Verfahren Sie mit der anderen Kordel genauso.

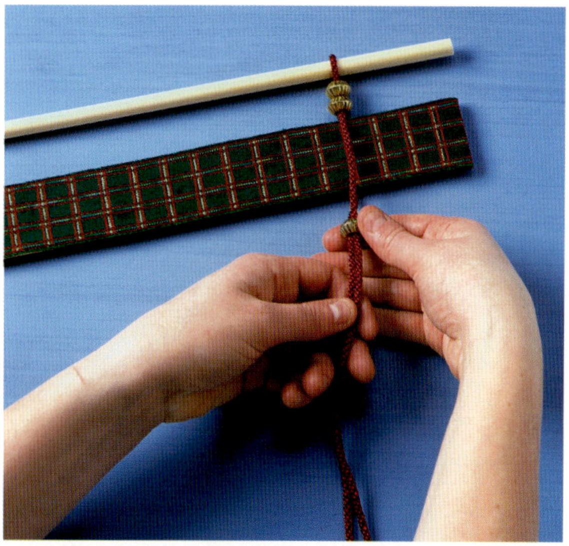

7 Die nächsten Perlen fädeln Sie auf und schieben sie so weit hinauf, daß zwischen beiden gestrafften Kordelsträngen ein Schlitz entsteht, durch den eine Latte gesteckt werden kann. Fädeln Sie alle Perlen auf und schieben Sie die Latten durch die Schlitze.

8 Unter die letzte Latte kommt jeweils eine einzelne Perle. Dann verknoten Sie die beiden Kordelstränge und umkleben die Enden sauber mit Klebeband. Den Rest der Kordel schneiden Sie ab und umwickeln das Klebeband mit Garn.

FÄCHERDUO

Zwei Faltenrollos, nebeneinander aufgehängt und in der Mitte fächerförmig gerafft, wirken durch ihre klaren, strengen Linien ganz außergewöhnlich. Die Streifen des Stoffes unterstreichen den Effekt und erleichtern das Falten.

MATERIAL UND WERKZEUG
- Maßband
- Schere
- Steifleinen
- Stoff mit 4 cm breiten Querstreifen
- Bügeleisen
- Stecknadeln
- Heftfaden
- Nähnadel
- Baumwollband, 1 cm breit
- Nähmaschine
- Nähseide, farblich passend
- 2 große Knöpfe
- Holzstange, 9 mm Ø
- 2 Ringhaken

1 Das Rollo sollte 7,5 cm länger als die Fensterhöhe und halb so breit wie die Fensterbreite minus 1 cm sein. Legen Sie das zugeschnittene Steifleinen auf die linke Seite des gestreiften Stoffs und schneiden Sie ihn mit einer Nahtzugabe von 3 cm Breite rundum zu. Dann schneiden Sie eine zweite Stoffbahn in derselben Größe zu. Die Streifen sollten bei beiden Teilen auf derselben Höhe verlaufen. Die Nahtzugabe falten Sie um das Steifleinen und heften sie.

2 Beim hinteren Rolloteil schlagen Sie die Nahtzugabe ebenfalls ein und heften sie. Beide Rollostoffe legen Sie links auf links aufeinander. Die Längsseiten und das untere Ende werden zusammengesteckt, geheftet und genäht.

3 Schneiden Sie 60 cm Baumwollband ab und legen Sie das Stück zur Hälfte zusammen. Die beiden Enden heften Sie in die Mitte der noch offenen Rollo-Oberkante. Nun wird diese Kante zusammengesteckt und geheftet.

4 Nähen Sie die beiden Teile jedes Rollos knappkantig zusammen, wobei an den Längsseiten vor der Oberkante ein 2 cm langer Schlitz offen bleiben sollte. Falten Sie den Stoff entlang der Streifen wie eine Ziehharmonika.

5 In die Mitte der obersten Falte, etwa 4 cm unter der Stoffkante, nähen Sie einen Knopf.

6 Die Holzstange schieben Sie nun durch die Schlitze beider Rollos.

7 Die Bandschlaufe führen Sie unter dem Faltenbündel durch und hängen sie über den Knopf. Schrauben Sie in die beiden oberen Ecken des Fensterrahmens je einen Haken.

GEWEBTER ORGANZABEHANG

Dieser Organzabehang in schillernder Metallic-Optik läßt viel Licht durch, bietet aber trotzdem Sichtschutz von außen. Wegen der Blautöne, glitzernd wie Wasser, eignet er sich besonders für ein Badfenster mit klarer Scheibe.

MATERIAL UND WERKZEUG
- Schere
- Organza mit Metallic-Optik in zwei Faben
- Maßband
- Stecknadeln
- Heftfaden
- Nähnadel
- Nähmaschine
- Nähseide, farblich passend
- Holzstange, 9 mm Ø, so lang wie die Nischenbreite
- 2 Ringhaken

1 Rechtwinklig zur Webkante des Stoffes schneiden Sie 5 cm breite Streifen. Die vertikalen Streifen einer Farbe sollten mindestens 10 cm, und die Querstreifen in der anderen Farbe mindestens 4 cm länger als das fertige Rollo sein. Fransen Sie die Kanten aller Streifen aus.

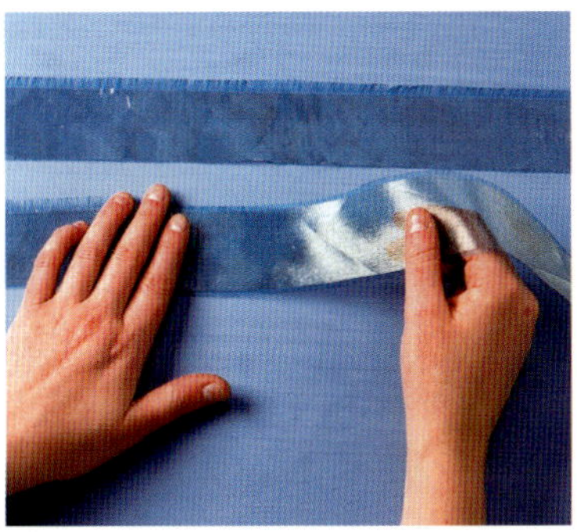

2 Legen Sie die Querstreifen auf einem großen Tisch aus.

3 Wie beim Weben führen Sie die Längsstreifen über und unter den Querstreifen hindurch und stecken sie dort zusammen, wo sie einander kreuzen.

4 Am oberen Ende des Behanges lassen Sie den Stoff 7,5 cm für die Schlaufen überstehen. Heften Sie die Außenkanten.

5 Nun schlagen Sie die Streifen an der Oberkante zu Schlaufen um und heften sie.

6 Mit der Maschine umnähen Sie den gewebten Bereich.

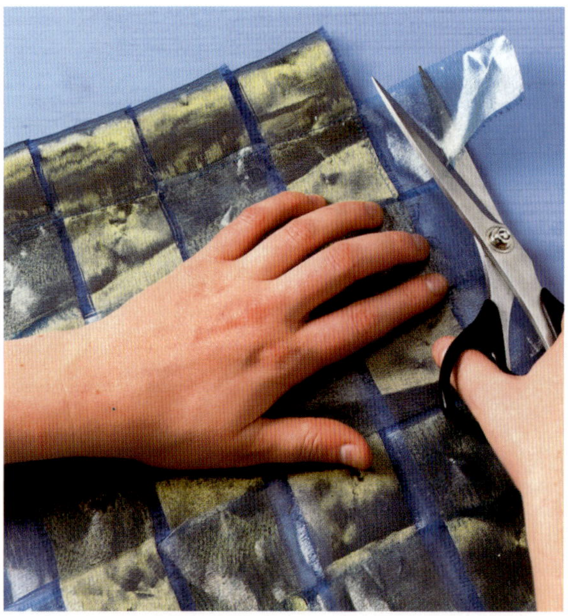

7 Schneiden Sie die überstehenden Streifen an den Längsseiten und am unteren Rand bis auf 2,5 cm ab.

8 Durch die Schlaufen schieben Sie die Holzstange, schrauben die Haken in den Fensterrahmen und hängen das Rollo auf.

RUSTIKALER JUTE-VORHANG

Viereckige „Knöpfe“ aus Blechfolie sind die phantasievolle Verzierung auf diesem ungewöhnlichen Vorhang. Längsstreifen und Karomuster entstehen dadurch, daß einige Fäden aus dem Stoff gezogen werden. Statt eines Saumes wurde der untere Rand ausgefranst.

MATERIAL UND WERKZEUG

Blechschere
kleines Stück dünnes Aluminiumblech
Bohrer
Schleifpapier
Schere
Sackleinen
Maßband
Stopfnadel
Bügeleisen
Stecknadeln
Nähmaschine
Nähseide, farblich passend

1 Mit der Blechschere schneiden Sie aus dem Aluminium 4 cm große Quadrate. Je nach Größe des Fensters brauchen Sie pro Vorhang etwa 30 solcher „Knöpfe“. Bohren Sie ins Zentrum jedes Plättchens jeweils vier Löcher (siehe Abbildung).

2 Mit Schleifpapier schmirgeln Sie die Ecken der Plättchen etwas ab.

3 Das Sackleinen wird auf die gewünschte Größe mit einer Nahtzugabe von 2 cm an der Oberkante zugeschnitten. Mit der Stopfnadel ziehen Sie alle 20 cm 9 Längsfäden, überspringen vier und ziehen nochmals neun Fäden. Legen Sie die herausgezogenen Fäden zur Seite.

4 Ziehen Sie für die Querstreifen auf dieselbe Weise horizontale Fäden im 20-cm-Abstand aus dem Stoff.

5 Die unteren Vorhangkanten fransen Sie 4 cm weit aus.

6 Mit der Stopfnadel und den herausgezogenen Fäden nähen Sie die Knöpfe kreuzweise auf die Quadrate.

7 Berechnen Sie, wie viele Schlaufen Sie für die Oberkante brauchen: jeweils eine oberhalb jedes Längsstreifens und an den beiden Außenkanten. Schneiden Sie entsprechend viele Sackleinen-Rechtecke nach den Maßangaben auf Seite 94 zu und legen Sie diese Streifen der Länge nach zusammen. Dann bügeln und nähen Sie die Streifen mit 1 cm Nahtzugabe.

8 Falten Sie die Nahtzugaben auseinander und nähen Sie so über eine Schmalseite, daß die Längsnaht in der Mitte des Streifens liegt. Nun wenden Sie die Streifen auf rechts und bügeln sie.

9 Schlagen Sie die Außenkanten jeder Vorhangbahn 2 cm breit ein und nähen Sie einen Saum. Stecken Sie jede Schlaufe mit dem offenen Ende oberhalb der Längsstreifen und an den Außenseiten auf die rechte Stoffseite der Vorhang-Oberkante.

10 Die Blende für die Oberkante des Vorhanges fertigen Sie aus einem 10 cm breiten Streifen, der so lang wie die Vorhangbreite plus 4 cm Nahtzugabe ist. Er wird mit der rechten Stoffseite auf die rechte Seite des Vorhangstoffes gelegt, gesteckt und mit der Maschine genäht.

11 Die Blende legen Sie auf die Rückseite des Vorhangs um, schlagen rundum die Nahtzugabe ein und stecken sie fest.

12 Steppen Sie die Blende knappkantig auf. Die Schlaufen führen Sie auf die Vorderseite und nähen sie von Hand mit je einem Knopf fest.

ARRANGEMENT AUS CHIFFON

Korallenfarbene Chiffonbahnen sind ein bezaubernder und zugleich einfacher Fensterschmuck. Nutzen Sie die ganze Stoffbreite, so daß die Webkanten als Saum dienen. Bei einem besonders breiten Fenster verwenden Sie eine zusätzliche Stoffbahn.

MATERIAL UND WERKZEUG

- Maßband
- Schere
- Chiffon in einer Hauptfarbe und einem zweiten Ton
- Bügeleisen
- Nähmaschine
- Nähseide, farblich passend
- Drahtschere
- Gewindeseil, mit Kunststoff ummantelt
- 4 Vorhangösen
- 2 oder 4 Schraubhaken
- Seidenkordel

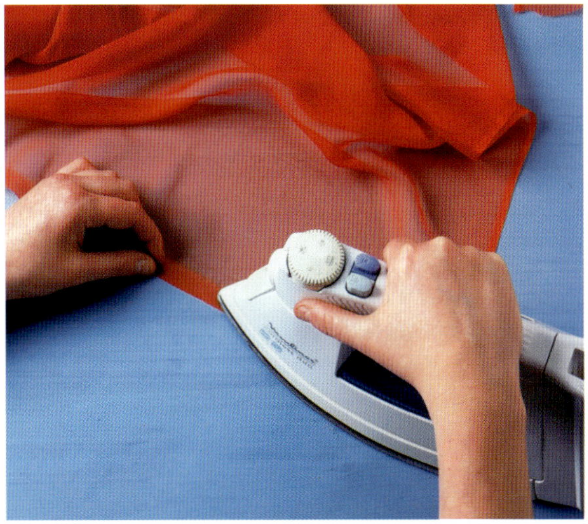

1 Messen Sie das Fenster aus und schneiden Sie aus dem Chiffon in der Hauptfarbe zwei Stoffbahnen, aus dem Chiffon in der zweiten Farbe eine Stoffbahn. An der Oberkante aller drei Stoffbahnen falten und bügeln Sie einen 1 cm breiten Saum.

2 Schlagen Sie den Stoff an den Oberkanten 2,5 cm um.

3 Steppen Sie diesen doppelten Saum knappkantig ab, so daß ein Tunnel für das Gewindeseil entsteht.

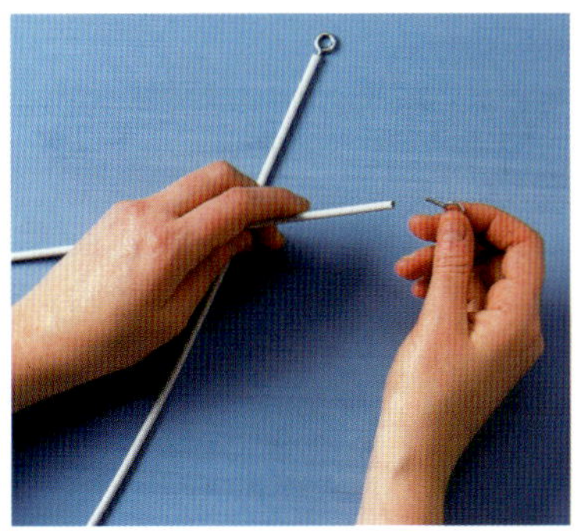

4 Schneiden Sie das Gewindeseil in zwei Teile, die jeweils 5 cm kürzer als die Fensterbreite sind. Stecken Sie die Vorhangösen links und rechts in die Seilenden. ▶

5 Die beiden Vorhänge in der Hauptfarbe werden auf eines der Seile gezogen, die Stoffbahn in der zweiten Farbe auf das andere Seil.

6 Schrauben Sie die Ringhaken in die oberen Ecken des Fensterstocks. Hängen Sie die Vorhänge so ein, daß die einzelne Stoffbahn hinter den beiden anderen hängt.

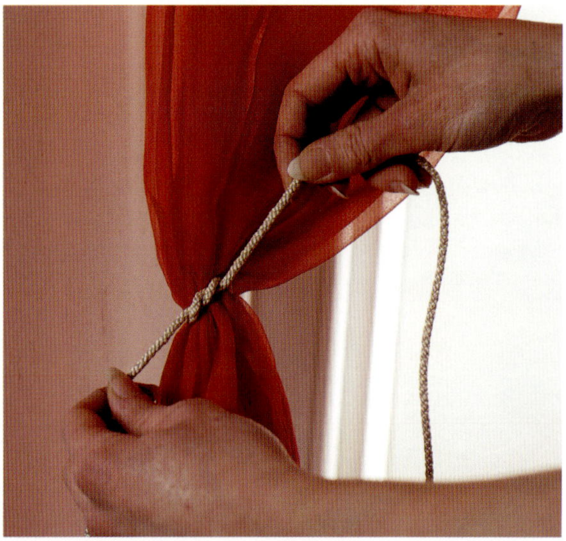

7 Die Vorhangbahnen der Hauptfarbe werden zur Seite gezogen und mit der Seidenkordel unten zusammengeknotet.

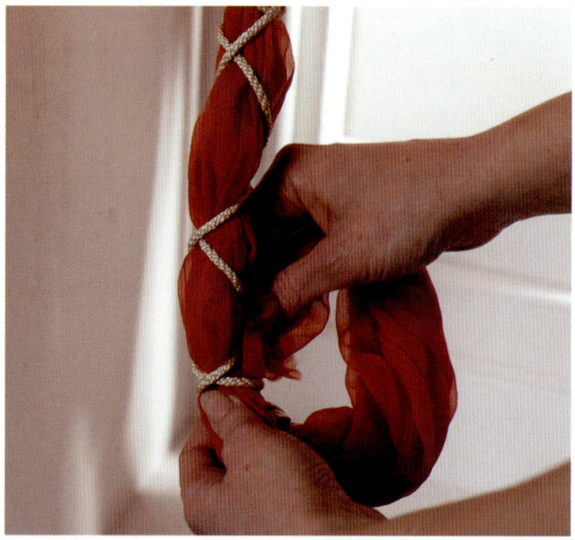

8 Umschlingen Sie die Vorhänge kreuzweise mit der Kordel, verknoten Sie die Kordel doppelt und stecken Sie das untere Ende der Stoffbahn durch. Die mittlere Stoffbahn wird in der Mitte zusammengefaßt und ebenfalls mit Kordel umwickelt.

VORHANG AUS GLITZERPERLEN

Ein Gehänge aus bunten Glasperlen ist lichtdurchlässiger und auch farbenprächtiger als beispielsweise ein Vorhang aus Tüll. Fädeln Sie die Perlen auf durchsichtige Nylonfäden. Große abschließende Kugeln straffen die Perlenkette und setzen einen zusätzlichen Akzent.

MATERIAL UND WERKZEUG

Bleistift
Lineal
Holzlatte, 4 cm breit, in der Länge der Fensterbreite
Bohrer
Schere
Angelschnur
Plastikperlen in unterschiedlichen Farben, Formen und Größen, darunter einige in Tropfen- oder Röhrenform
große Plastikkugeln
Band, 4 cm breit
Tacker
2 Schraubhaken

1 Mit Bleistift und Lineal markieren Sie alle 2,5 cm auf der Leiste die Löcher für die Schnüre. Von den Außenkanten sollten die ersten Löcher links und rechts 2,5 cm entfernt sein. Bohren Sie die Löcher.

2 Der Faden muß zwei mal so lang sein wie die Fensterhöhe plus 50 cm. Nehmen Sie ihn doppelt, fädeln Sie ihn durch das zweite Loch und stecken Sie die Enden durch die Schlaufe.

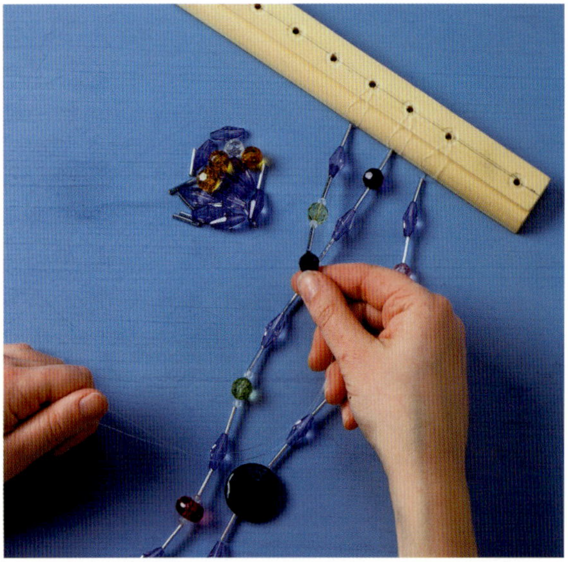

3 Ziehen Sie die doppelte Schnur fest und fädeln Sie die Perlen auf. Wechseln Sie zwischen runden und länglichen Perlen ab.

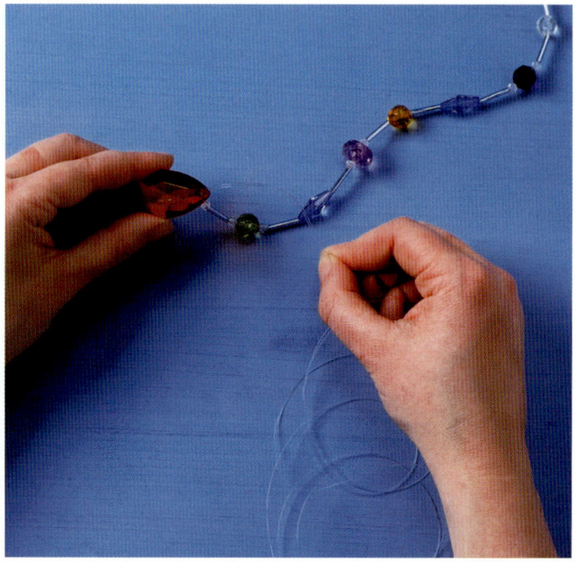

4 Wenn die gewünschte Länge erreicht ist, stecken Sie eine große Kugel als Gewicht auf, führen die Angelschnur durch die letzten Perlen zurück und verknoten sie. Den Rest der Schnur führen Sie weiter nach oben und verknoten ihn noch zweimal.

5 Mit den übrigen Fäden verfahren Sie ebenso, doch sollten sie zur Mitte des Fensters kürzer werden. Das Band schneiden Sie auf die Länge der Leiste plus 2 cm zu und tackern es links und rechts außen auf die Latte. Die Ringhaken werden in die Leiste geschraubt.

ROLLO MIT BÄNDERZUG

Die wohl einfachste aller Varianten ist dieses Rollo mit Haltezug aus Bändern. Indem die Schleifen unterschiedlich hoch gebunden werden, läßt sich das Rollo stufenlos verstellen. Die untere Stoffkante wird durch eine runde Holzstange gestrafft, um die sich der Stoff beim Hochziehen herumwickelt. Ohne Stange; dann wirft das Rollo weiche, unregelmäßige Falten.

MATERIAL UND WERKZEUG

Schere
Vorhangstoff
Futterstoff, farblich passend
Stecknadeln
Nähmaschine
Nähseide, farblich passend
Bügeleisen
Säge
Holzstange, 9 mm Ø
Nähnadel
Seidenripsband
Klettverschlußplättchen
Holzleiste, Länge entsprechend der Fensterbreite

1 Den Vorhang- und den Futterstoff schneiden Sie entsprechend der Größe des Fensters plus 4 cm in der Breite und 9 cm in der Länge zu. Beide Stoffe werden rechts auf rechts gesteckt und an den Längsseiten sowie der Unterkante mit der Maschine genäht. Nahe der Naht schneiden Sie die Ecken ab und wenden den Stoff nach außen. Bügeln.

2 Entsprechend der Rollobreite sägen Sie die Holzstange zu und schieben sie bis zur Unterkante des Rollos zwischen Futter und Stoff.

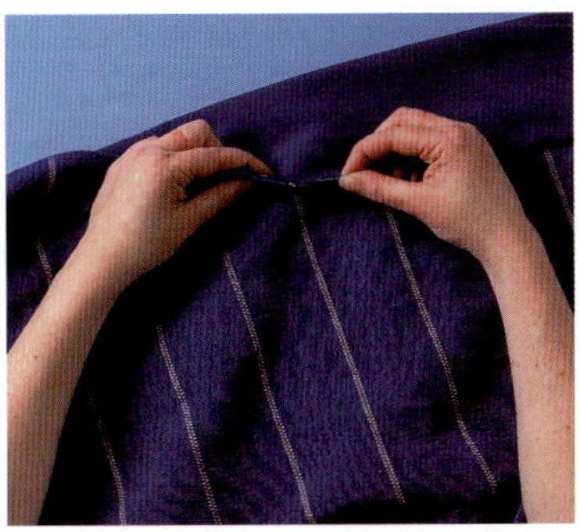

3 Nähen Sie die Oberkante von Hand mit Blindstichen zu und bügeln Sie die Naht.

4 Steppen Sie das Rollo jeweils 5 cm von den Seitenkanten und 2 cm von Ober- und Unterkante entfernt ab.

5 Schneiden Sie von dem Ripsband vier Stücke ab, die so lang wie das Rollo plus 20 cm sind. Stecken Sie jeweils ein Bänderpaar etwa ein Viertel der Rollobreite nach innen versetzt auf das Rollo, immer ein Band auf die Vorder- und eines auf die Rückseite.

6 Mit der Maschine werden die Bänder aufgenäht. Die weichen Teile der Klettverschlußplättchen nähen Sie auf die linke Seite der Oberkante, die rauhen Plättchen kleben Sie auf die Holzlatte.

7 Die Enden der Bänder schneiden Sie zu einem dekorativen Schwalbenschwanz.

8 Binden Sie die Bänder auf der gewünschten Höhe zu Schleifen.

DER KONTRAST MACHT'S!

Meist soll man ja das Vorhangfutter nicht sehen, doch hier wird das Fensterdekor durch das vorblitzende Futter erst richtig interessant. Der Farbkontrast tut noch ein übriges, um diese Dekoration zu einem echten Blickfang zu machen.

MATERIAL UND WERKZEUG
- Maßband
- Schere
- Seide für den Vorhang und das Futter
- festes Einlagevlies
- Nähmaschine
- Nähgarn, farblich passend
- Bügeleisen
- Stecknadeln
- Nähnadel
- Stoffstift oder Schneiderkreide
- Ösenset
- Hammer
- Kupferringe, 15 mm Ø
- Satinband, 2,5 cm breit

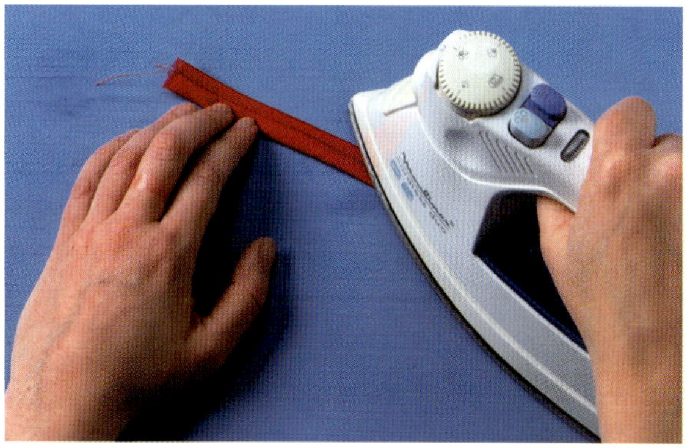

1 Ermitteln Sie die Maße des Fensters. Aus Vorhang- und Futterstoff sowie aus dem Einlagevlies schneiden Sie je zwei Bahnen in den gewünschten Endmaßen plus 2 cm Nahtzugabe rundum. Außerdem schneiden Sie aus dem Futterstoff zwei 20 x 6 cm breite Streifen. Diese legen Sie rechts auf rechts der Länge nach zusammen und nähen sie 1 cm vom Rand entfernt zusammen.

2 Knicken Sie die Streifen zu Schlaufen. Dann stecken Sie je eine Schlaufe mit den offenen Enden auf die innere untere Ecke jedes Futterteils, und zwar auf die rechte Stoffseite.

3 Futter und Vorhang rechts auf rechts, obenauf kommt die Einlage. Dann stecken und nähen Sie alle drei Lagen zusammen. Lassen Sie an der Oberkante einen 40 cm langen Schlitz offen. Nach dem Wenden nähen Sie diesen Schlitz mit Blindstichen zu. ▶

4 Zeichnen Sie entlang der Oberkanten in gleichmäßigen Abständen die Markierungen für die Messingösen auf.

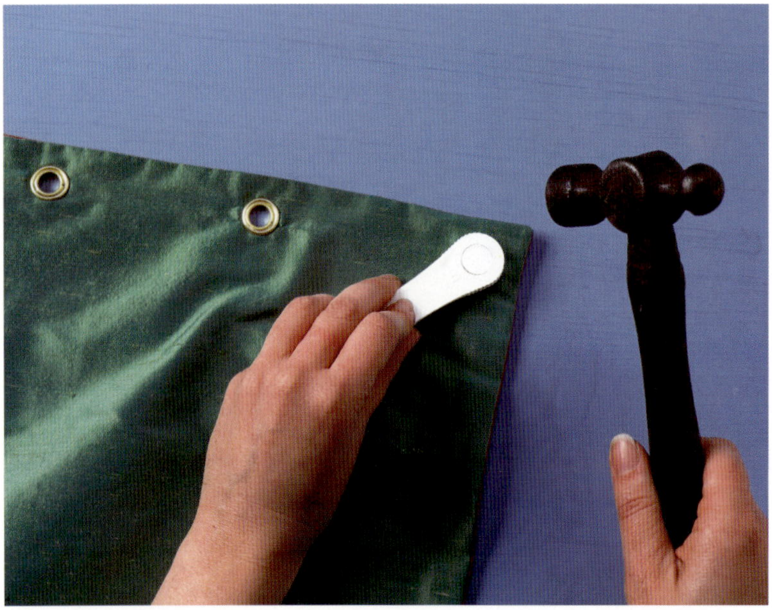

5 Mit dem Ösenlocher und einem Hammer stanzen Sie die Messingringe auf die Markierungen. Entsprechend viele Satinbandstücke schneiden Sie ab, ziehen sie durch die Ringe und knoten sie um die Vorhangstange.

MATERIAL

Das Vorhang- und Rollogestalten hat den Vorteil, daß man auch Alltägliches wie Knöpfe und Perlen, Haken und Ösen verarbeiten kann und so bezaubernde und ungewöhnliche Kreationen entstehen.

BÄNDER
eignen sich für Schlaufen zum Aufhängen und Schmuckmotive oder können zu einem Vorhang für ein kleines Fenster zusammengenäht werden.

BOMMELBORTE
Eine dekorative, gewebte Borte mit kleinen Troddeln, die an die Kanten eines Vorhanges oder Rollos genäht oder geklebt wird.

BÜGELVLIES
Selbstklebendes Vlies auf Trägerpapier, das durch einfaches Bügeln Stoffe verbindet.

EINLAGE
Mit Vlies oder Steifleinen, das es in unterschiedlichen Stärken gibt, versteifen Sie Stoffe. Bügeleinlage wird dauerhaft auf die linke Stoffseite aufgebügelt.

GARDINENBÄNDER
Fachgeschäfte bieten eine große Auswahl an Bändern für verschiedene Faltentypen an.

HOLZ- ODER DÜBELSTANGE
Eine dünne runde Holzstange wird bei Rollos durch horizontale Stofftunnels geschoben.

HOLZLEISTEN
werden durch einen Tunnel an der unteren Stoffkante geführt, so daß der Rollostoff beim Aufziehen gleichmäßige Falten wirft.

KLEBEBAND, DOPPELSEITIG
Damit verstärken Sie die Ränder von Papierrollos durch Umfalten oder kleben ein sehr leichtes Gewebe auf Holzleisten auf.

KLETTVERSCHLÜSSE
Damit befestigen Sie Rollostoffe oder eine Blende an einer Leiste. Als Plättchen oder Streifen selbstklebend oder zum Aufnähen.

KNÖPFE
werden für eine Vorhangaufhängung mit Schlaufen verwendet.

KORDEL
Eine dünne Kordel aus Kunstfaser dient beim Raffrollo als Zugschnur.

NÄHGARN
Kunstfasergarn eignet sich besonders gut zum Maschinennähen. Baumwoll- oder Seidenfaden verwendet man für spezielle Stoffe.

ÖSEN UND ÖSENSET
Metallösen gibt es in verschiedenen Größen. Einfaches Werkzeug liegt dem Set meist bei.

PLASTIKPERLEN
können Sie für einen Perlenbehang auf Nylonfaden fädeln oder als Verzierung aufnähen. Schwere Perlen an der Unterkante straffen leichte Stoffe.

SCHRAUBHAKEN UND RINGHAKEN
Oben in den Fensterrahmen geschraubt, halten Schraubhaken leichte Rollos. Ringhaken dreht man als Aufhängung in ein Gewindeseil oder schraubt sie in eine Holzlatte, um eine Kordel durchzuziehen.

SPRÜHSTÄRKE
gibt sehr weichen Stoffen, die man für ein Rollo verwenden will, genügend Stand.

STOFFARBE
Diese Spezialfarbe ist waschfest, sobald sie getrocknet ist.

VITRAGESTANGE UND GEWINDESEIL
Sogenannte Vitragestangen und Gewindeseile verwendet man bei kleinen Fenstern und Fensternischen. Gewindeseile eignen sich für sehr zarte Stoffe.

VORHANGHAKEN UND -RINGE
gibt es in unterschiedlichen Größen, Stärken und Ausführungen.

Rechts: Vorhangringe (1); doppelseitiges Klebeband (2); Sprühstärke (3); Bänder (4); Gardinenbänder (5); Kordel (6); Bommelborte (7); Einlage (8); Bügelvlies (9); Ösen und Werkzeug (10); Vitragestange (11); runde Holzstangen (12); Leiste (13); Stoffarbe (14); Nähgarn (15); Knöpfe (16); Klettverschlußplättchen (17); Schraubhaken (18); Gewindeseil mit Kunststoffmantel (19); Vorhanghaken (20); Plastikperlen (21); Quaste (22).

1
2
3
4
5
6
7
8
10
11
12
13
14
15
16
17
18
19
20
21
22

WERKZEUG

Das nötige Werkzeug zum Anfertigen von Vorhängen und Rollos bekommen Sie überall. Wahrscheinlich aber haben Sie schon das meiste in Ihrem Nähkorb oder im Werkzeugkasten.

BLEISTIFT
Am besten eignen sich weiche Bleistifte, um Schablonen abzuzeichnen und auf Holzleisten Markierungen anzubringen.

BOHRER
Den Bohrer benötigt man, um Löcher in Holzlatten und Fensterrahmen zu bohren.

BÜGELEISEN
Mit einem guten Bügeleisen können Sie professionell und schnell arbeiten.

HAMMER
Mit dem Hammer schlagen Sie Ösen und Messingringe ein oder nageln Rollostoff auf Holzlatten.

LINEAL
Wichtig für gerade Linien und zum Nachmessen von Nahtzugaben.

MASSBÄNDER
Es lohnt sich, sowohl ein Schneidermaßband als auch ein metallenes Maßband zum Ausmessen der Fenster anzuschaffen.

NADELN
Nadeln benötigen Sie in verschiedenen Größen mit und ohne Spitze zum Heften, Nähen oder Sticken.

NÄHMASCHINE
Auch wenn Sie vieles von Hand nähen, nimmt die Maschine Ihnen bei langen Nähten viel Arbeit ab. Für den Anfang reichen Stepp- und Zickzackstich.

RASTERPAPIER
Anhand des Rasters können Sie Motive übertragen und vergrößern.

SÄGE
Mit einer kleinen Bügelsäge schneiden Sie dünne Holzlatten und -stangen zurecht.

SCHABLONIERPINSEL
Dicke, runde Pinsel mit steifen Borsten eignen sich besonders gut zum Schablonieren.

SCHERE
Eine große Schere dient als Stoffschere, während man mit einer kleineren Haushaltsschere Papier und Kordeln schneidet. Diffizile Arbeiten verrichten Sie mit einem extra kleinen Scherchen.

SCHLEIFPAPIER
Schmirgeln Sie damit die Ränder von Holzlatten oder Gardinenstangen aus Holz ab. Wegen des feinen Schleifstaubes sollten Sie einen Mundschutz tragen.

SCHNEIDERKREIDE
Zum Markieren auf Stoff; läßt sich ausbürsten

SCHWAMM
Für dekorative Farbeffekte und zum Schablonieren.

STECKNADELN
Stecknadeln aus rostfreiem Stahl werden verwendet, um Stoff beim Heften und Nähen festzuhalten.

STEMPEL
Es gibt Stempel mit beliebigen Mustern im Handel. Sie können auch mit Stoffarben verwendet werden.

TACKER
Unersetzlich, um einen Rollostoff an einer Latte zu befestigen.

TRANSPARENTFOLIE
Schablonen aus fester Transparentfolie halten länger und lassen sich schöner auflegen.

TRANSPARENTPAPIER
Damit können Sie Schablonenmotive abpausen und sie auf Stoff oder Papier übertragen.

WASSERWAAGE
Damit kontrollieren Sie, ob ein Querbehang, eine Vorhangstange oder Latte gerade hängt.

WINKEL
Wichtig zum geraden Zuschneiden des Stoffs: Man legt den Winkel an der Webkante an und zeichnet eine Hilfslinie über die ganze Stoffbreite. Von dieser Linie ausgehend messen Sie die Vorhanglänge.

Rechts: Stempel (1); Wasserwaage (2); Lineal (3); Winkel (4); Rasterpapier (5); Schleifpapier (6); Nähmaschine (7); Bügeleisen (8); Bleistifte (9); Transparentfolie (10); Bügelsäge (11); Tacker (12); Bohrer (13); Maßband (14); Hammer (15); Schwamm (16); Schablonierpinsel (17); Schere (18); Nähnadeln (19); Stecknadeln (20); Schneiderkreide (21).

1
2
3
4
5
6
7
8
9
10
11
12
13
14
15
16
17
18
19
20
21

DAS AUSMESSEN

Bevor Sie mit einem Vorhang oder Rollo beginnen, sollten Sie das Fenster präzise ausmessen und den Stoff sorgfältig zuschneiden.

Das Fenster ausmessen

Sie brauchen zwei Grundmaße, um den Stoffbedarf für den Vorhang oder das Rollo zu berechnen.

1. Die Breite

Für einen Vorhang bestimmen Sie die Länge der Gardinenstange oder -schiene.

Bei einem Rollo messen Sie die Breite des Fensters oder der Fensternische, in die der Behang eingepaßt wird.

2. Die Länge

Beim Vorhang bestimmt man die Länge je nach Geschmack: ausgehend von der Vorhangschiene oder -stange entweder bis zum Boden, zum Fensterbrett oder zum Heizkörper. Für ein Rollo messen Sie die Länge des Fensters oder der Fensternische.

Der Stoffbedarf für Vorhänge

Im allgemeinen nimmt man für einen Vorhang mit Kräusel- oder Universalgardinenband eineinhalb mal die Länge der Vorhangschiene oder -stange.

1. Wie oft wird die Stoffbreite benötigt?

Man multipliziert die Länge der Vorhangstange oder -schiene mit der für das Gardinenband erforderlichen Stoffbreite und fügt 10 cm Naht- und Saumzugabe hinzu. Teilen Sie die Summe durch das Maß der Stoffbreite: Dann wissen Sie, wie viele Stoffbahnen Sie brauchen. Runden Sie den Wert sicherheitshalber auf!

2. Wieviele Meter Stoff sind insgesamt nötig?

Nehmen Sie die Vorhanglänge von Vorhangstange oder -schiene bis zum Saum und fügen Sie 20 cm für den Saum und die Aufhängung hinzu. Diese Zahl multiplizieren Sie mit der Anzahl der benötigten Stoffbahnen (siehe oben). Sollte der Stoff ein fortlaufendes Muster haben, addieren Sie die Länge eines Mustersatzes pro Stoffbreite. Geben Sie noch 10 cm pro Meter hinzu. Waschen Sie den Stoff, bevor Sie zuschneiden.

Berechnung der Stoffmenge für ein Rollo

Das Fenster oder die Fensternische gibt die Maße für das Rollo schon vor. Geben Sie an den Seiten und an der Unterkante Stoff für die Naht zu. Oben braucht man zusätzlich einen 5 cm breiten Streifen, der um die Latte geschlagen wird.

Den Stoff zuschneiden

Verschaffen Sie sich zuerst eine gerade Orientierungslinie, indem Sie einen Schußfaden (Querfaden) herausziehen. Von dieser Linie ausgehend messen und schneiden Sie den Stoff.

Achten Sie beim Zuschneiden eines gemusterten Stoffes darauf, daß die Muster beider Vorhänge zusammenpassen. Dazu legen Sie den ersten Vorhang auf den Stoff und schneiden die zweite Bahn entsprechend zu.

DIE WICHTIGSTEN NÄHTECHNIKEN

Damit der Vorhang oder das Rollo in Ihre Wohnung paßt und Ihren Vorstellungen entspricht, sollten Sie die vielen verschiedenen Gardinenbänder, Zierhaken und Ringe einfach ausprobieren und so Ihren persönlichen Stil finden.

Bleistiftfaltenband

Der Stoff muß zweieinhalb mal so breit wie die Vorhangstange oder -schiene sein.

Kräusel- oder Universalband

Der Stoff muß zweieinhalb mal so breit wie die Vorhangstange oder -schiene sein. Es ist eine schlichte Raffung, die sich für zarte und ungefütterte Vorhänge hervorragend eignet.

Schmetterlingsfalten

Der Stoff muß zweimal so breit wie die Vorhangstange oder -schiene sein. Zieht man an den Schnüren, legt sich der Stoff in gleichmäßigen Abständen in flache Falten.

Dreierfalten

Der Stoff muß zweimal so breit wie die Vorhangstange oder -schiene sein. Wenn Sie an den beiden Schnüren ziehen, entstehen regelmäßige, elegante Dreierfalten. Man sollte darauf achten, daß die Falten bei beiden Vorhängen gleich verteilt sind.

Tüll-Faltenband

Der Stoff muß zweimal so breit wie die Vorhangstange oder -schiene sein. Das Band hat nicht nur kleine Täschchen für Vorhanghaken, sondern auch Schlaufen, durch die man einen Vitragestab schieben kann.

Tulpenfalten

Der Stoff muß zweieinhalb mal so breit wie die Vorhangstange oder -schiene sein. Der obere Faden wirft den Stoff in gerundete Falten, während der untere eine Tulpenform entstehen läßt. Man kann die Rundungen zusätzlich besonders schön ausformen, indem man sie mit Seidenpapier füllt.

VERSCHIEDENE AUFHÄNGUNGEN

Bänder

Statt normaler Schlaufen kann man Bänder in den Saum einnähen, die dann zu hübschen Schleifen oder Knoten gebunden werden.

Ösen und Schmuckhaken

Verwenden Sie dekorative Schmuckhaken, wenn Sie eine dünne Vorhangstange haben. In Abständen von etwa 15 cm schlagen Sie die Ösen in einen Doppelsaum an der Oberkante des Vorhanges.

Schmuck-Clips

Sie haben die Wahl zwischen vielen verschiedenen Vorhangclips, die sich wunderbar eignen, um leichte Vorhänge oder Stoffbahnen ohne Gardinenband aufzuhängen. Sie werden einfach an den Stoffrand angeklammert.

Kleine Clips

Kleine Vorhangclips verwendet man für leichte oder glatte Gewebe und bei schmalen Vorhangstangen. Besonders apart sehen sie an kleinen Fenstern und bei unserer Bistrogardine aus.

Vitragestange

Man verwendet sie ebenfalls für leichte Stoffe oder Bistrogardinen in einer Fensternische, in die eine Vorhangschiene oder -stange nur schwer einzupassen wäre. Die Stange zieht man durch einen Tunnel am oberen Vorhangrand.

Gewindeseil

Den mit Kunststoff umhüllten Draht schneiden Sie auf die gewünschte Länge ab und führen ihn durch den Tunnel an der oberen Vorhangkante. In die Enden des mit Kunststoff ummantelten Seiles drücken Sie kleine Schraubhaken, die Sie in Ringhaken am Fensterrahmen einhängen.

EINFACHE SCHLAUFENAUFHÄNGUNG

1 Pro Schlaufe schneiden Sie einen rechteckigen Streifen nach den Maßangaben von Seite 94 zu. Legen Sie ihn der Länge nach rechts auf rechts zusammen und nähen Sie die offene Seite mit 1 cm Nahtzugabe zu.

2 Wenn die Schlaufen mit einem Zierknopf oder anderen Verzierungen versehen werden, schieben Sie die Naht in die Mitte und legen die Nahtzugaben auseinander. Dann stecken und nähen Sie eine Schmalseite zu.

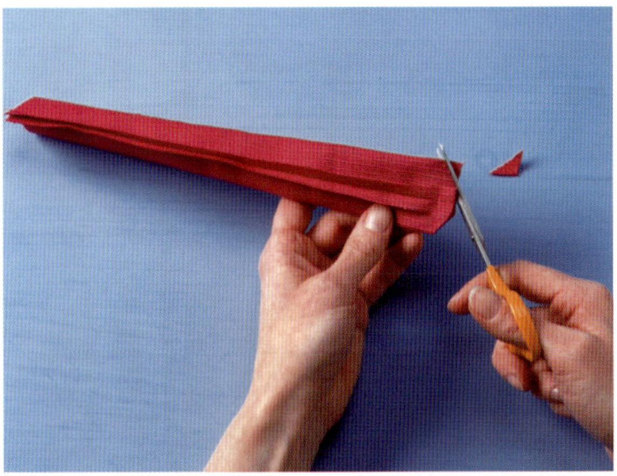

3 Die Nahtzugabe und der Stoff an den Ecken werden zurückgeschnitten, so daß die Schlaufe schön flach wird. Nun wenden Sie die Schlaufe auf rechts, bügeln sie und legen sie zur Hälfte zusammen.

4 Die Schlaufen legen Sie so auf die rechte Stoffseite des Vorhangs, daß die offene Seite zur Vorhang-Oberkante weist. Den Streifen für die Blende legen Sie darüber und nähen ihn rechts auf rechts mit 2 cm Nahtzugabe auf die Oberkante des Vorhangs. Die Blende wird auf die linke Vorhangseite geklappt und gebügelt. Am unteren Rand der Blende schlagen Sie die Nahtzugabe ein und nähen sie fest. Dann falten Sie die Enden links und rechts nach innen und nähen zu.

ÖSEN EINSETZEN

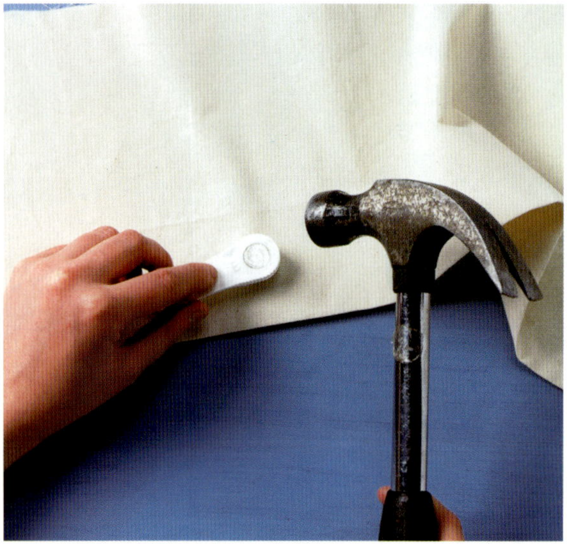

1 In gleichmäßigem Abstand markieren Sie mit einem Bleistift die Punkte, an denen Ösen angebracht werden sollen. Nun schieben Sie die schlagfeste Unterlage unter die Markierung und stanzen das Loch.

2 Drehen Sie die schlagfeste Unterlage um und legen Sie die Öse darauf. Den Stoff klappen Sie darüber, so daß der Niethals durch das Loch ragt.

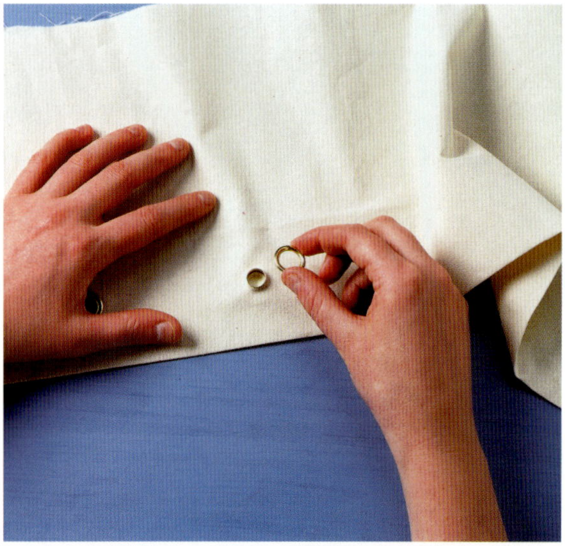

3 Der Ring wird auf den Stoffrand gelegt.

4 Halten Sie jetzt das andere Ende des Lochstiftwerkzeuges auf Öse und Ring und schlagen Sie beide mit dem Hammer zusammen.

NÄHTE UND SÄUME

Einfache Naht

Dies ist eine schlichte Naht, die sich für die meisten Stoffe eignet.

1 Stecken und heften Sie zwei Stoffstücke rechts auf rechts aufeinander. Dann nähen Sie 2 cm vom Rand entfernt eine gerade Naht.

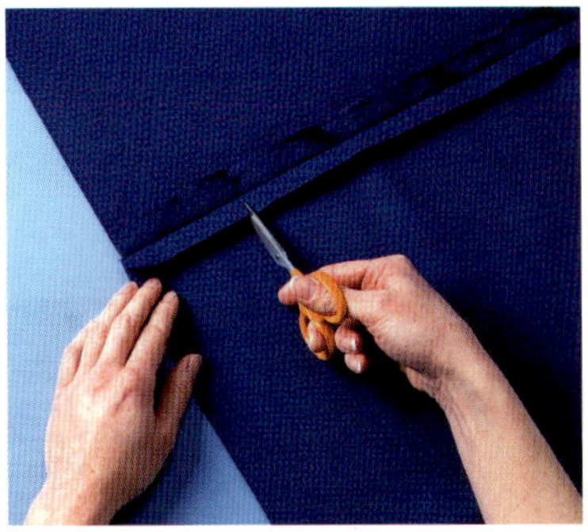

2 Der Heftfaden wird entfernt und die Naht auseinandergebügelt. Schneiden Sie die Nahtzugabe alle 10 cm ein.

Französische Naht

Diese schnelle, saubere Naht eignet sich für glatte, zarte Gewebe ausgezeichnet. Die einfache Naht wäre hierfür zu grob.

1 Der Stoff liegt links auf links und wird gesteckt, geheftet und mit einer 1 cm breiten Nahtzugabe mit der Maschine genäht. Schneiden Sie die Nahtzugabe etwas zurück.

2 Die Naht wird auseinandergebügelt. Dann stecken und heften Sie beide Teile rechts auf rechts zusammen und nähen im Abstand von 1 cm parallel zur ersten Naht ein zweites Mal.

Aufbügelsaum

Bei feinen Stoffen will man oft eine Naht vermeiden und verwendet dann für den Saum einen Streifen leichtes Bügelvlies.

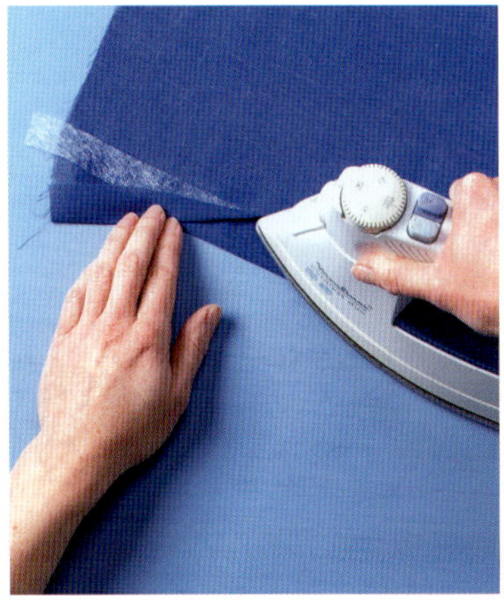

1 Messen, falten und bügeln Sie einen Saum. Dann legen Sie den doppelseitig klebenden Vliesstreifen in die Falte. Der Stoff wird gebügelt, dadurch verklebt der Aufbügelstreifen die Stoffteile.

VORLAGEN

Die Schablonen können Sie mit dem Kopierer oder von Hand mit einem Raster vergrößern. Dazu pausen Sie die Schablonen ab, überziehen das Transparentpapier mit einem Gitter und zeichnen ein weiteres Gitter in einem größeren Maßstab auf ein anderes Blatt Papier. Nun übertragen Sie quadratweise die Zeichnung. Anschließend werden die Linien des Motivs deutlich nachgezogen.

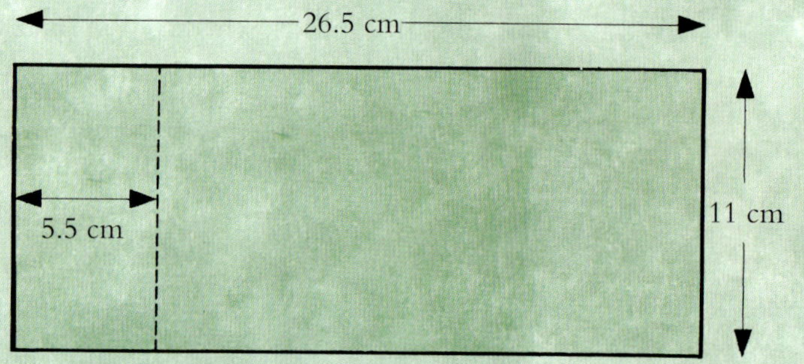

Aufhängung mit einfachen Schlaufen, Seite 52, 69, 91

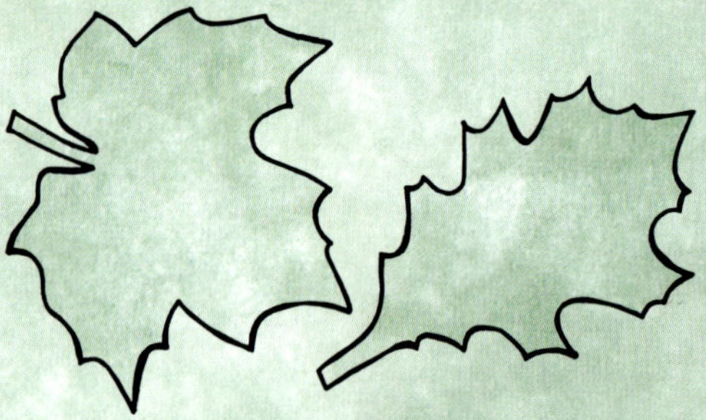

Herbstlaub, Seite 56

Schablone für Dschungelblätter, Seite 52

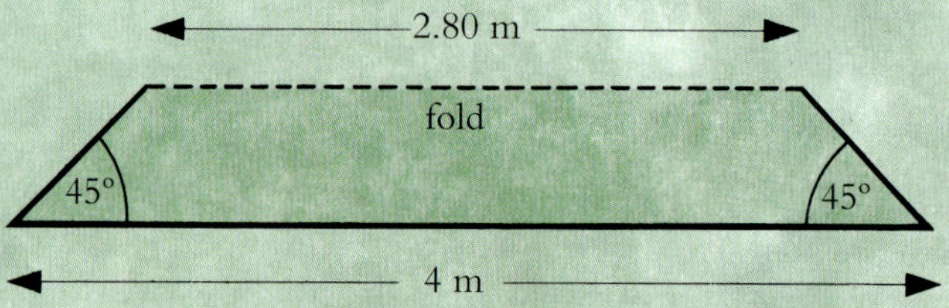

Küchenregal mit Vorhangbogen, Seite 16

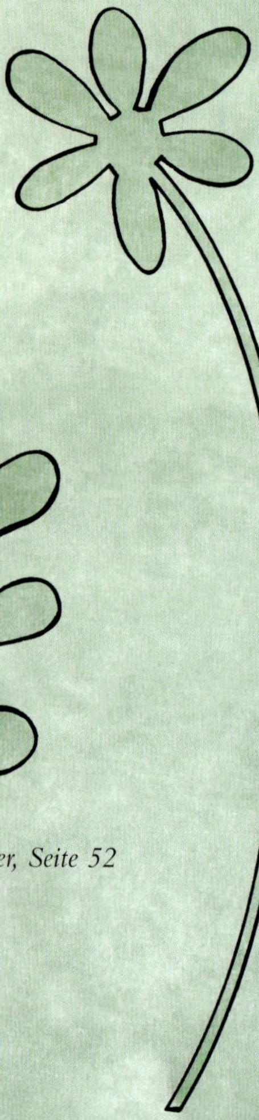

Applizierte Gänseblümchen, Seite 12

BEZUGSQUELLEN

Was Sie für die hier vorgestellten Vorhänge benötigen, bekommen Sie meist in Kaufhäusern. Im Telefonbuch finden Sie Geschäfte in Ihrer Nähe. Hier einige Adressen von Herstellern und Versendern für Hobbymaterial und Nähzubehör.

Deka
Hobbyfarben, Textilfarben
Kapellenstraße 18
82008 Unterhaching
Tel. 0 89 / 6 65 06 40
Fax. 0 89 / 6 11 76 51

Heimdesign
Bei Stempel's
Stempel, Textilstempelfarben
Eilper Straße 76
58091 Hagen
Tel. 0 23 31 / 7 22 11
Fax. 0 23 31 / 7 22 92

Knorr Hobby
Hobbybedarf
Postfach 12 40
96202 Lichtenfels
Tel. 0 95 71 / 79 30
Fax. 0 95 71 / 7 93 64

Kreativ Haus
Schablonen, Hobbybedarf
Postfach 40
65711 Hofheim
Tel. 0 61 92 / 96 51-5 51
Fax. 0 61 92 / 96 51-5 55

Marabu
Hobbyfarben
Asperger Straße 4
71732 Tamm
Tel. 0 71 41 / 69 10
Fax. 0 71 41 / 6 91-1 47

Prandell
creative Hobbys
Hobbybedarf
Postfach 14 40
96204 Lichtenfels
Tel. 0 95 71 / 76 70
Fax. 0 95 71 / 24 84

VBS
Verdener Bastelservice
Schablonen, Hobbybedarf
Große Straße 132
27283 Verden
Tel. 0 42 31 / 6 68 11
Fax. 0 42 31 / 6 68 22

DANKSAGUNG

Wir danken den folgenden Personen für ihre Entwürfe: Petra Boase: Wer's süß mag! S. 24 – 27; Schleifchenblumen, S. 42 – 44; Fensterschmuck aus Voile, 45 – 47; Rachel Frost: Küchenbord mit Vorhangbogen, S. 16 – 19; Kattunrollo mit Stempeldekor, S. 34 – 37; Brokat-Zauber, S. 59 – 61; Fächerduo, S. 62 – 64; Gewebter Organzabehang, S. 65 – 67; Arrangement aus Chiffon, S. 72 – 74; Alison Jenkins: Einfacher Vorhang mit Futter, S. 8 – 11; Bistrogardine mit Bändern, S. 31 – 33; Obstdruck auf Vorhang und Rollo, S. 38 – 41; Gefaltetes Papierrollo, S. 48 – 51; Dschungel-Impressionen, S. 52 – 55; Herbstlaub, S. 56 – 58; Rustikaler Jute-Vorhang, S. 68 – 71; Isabel Stanley: Applizierte Gänseblümchen, S. 12 – 15; Jeansrollo mit Guckfenstern, S. 20 – 23; Ein Schleier aus Musselin, S. 28 – 30; Vorhang aus Glitzerperlen, S. 75 – 77; Rollo mit Bänderzug, S. 78 – 80; Der Kontrast macht's! S. 81 – 83.

REGISTER